# DIREITO E ECONOMIA

# DIREITO E ECONOMIA

## DIÁLOGOS II

Armando Castelar Pinheiro
Antônio José Maristrello Porto
Patrícia Regina Pinheiro Sampaio
COORDENADORES

Daniel Dias
Sérgio Branco
Thiago Bottino
Wilson Pimentel
AUTORES

FGV DIREITO RIO EDITORA

FGV EDITORA
Rua Jornalista Orlando Dantas, 9
22231-010 | Rio de Janeiro, RJ | Brasil
Tel.: (21) 3799-4427
editora@fgv.br | pedidoseditora@fgv.br
www.fgv.br/editora

Impresso no Brasil / *Printed in Brazil*



1ª edição: 2022

Preparação de originais: Sandra Frank
Editoração eletrônica: Abreu's System
Revisão: Adriana Alves | Fatima Caroni
Capa: Estúdio 513

Dados Internacionais de Catalogação na Publicação (CIP)
Ficha catalográfica elaborada pela Biblioteca Mario Henrique Simonsen/FGV

Direito e economia : diálogos II / Armando Castelar Pinheiro, Antônio José Maristrello Porto, Patrícia Regina Pinheiro Sampaio (coords.) ; Daniel Dias... [et al.]. – Rio de Janeiro : FGV Editora, 2022.
176 p.

Inclui bibliografia.
ISBN: 978-65-5652-122-0

1. Direito e economia. 2. Direito econômico. I. Pinheiro, Armando Castelar. II. Porto, Antônio José Maristrello. III. Sampaio, Patrícia Regina Pinheiro. IV. Dias, Daniel. V. Fundação Getulio Vargas.

CDD – 341.378

Elaborada por Rafaela Ramos de Moraes – CRB-7/6625

# Sumário

# Prefácio

*Maílson da Nóbrega**

Esta obra contém quatro capítulos que abordam diferentes assuntos, nos quais a aplicação da análise econômica do direito (AED) pode prevenir ineficiências derivadas de falhas de mercado e de assimetrias de informação. Os textos evidenciam que a AED pode contribuir para evitar regras distorcidas e reduzir custos de transação.

O primeiro dos capítulos, de autoria de Daniel Dias, examina o direito do consumidor, preenchendo uma lacuna nessa área. Ele mostra como é possível melhorar o Código de Defesa do Consumidor (CDC), mediante intervenções regulatórias inspiradas na AED.

Nos contratos de adesão relativos ao consumo, os consumidores costumam assiná-los sem ler, aderindo a um padrão, em vez de buscar ofertas que contenham cláusulas mais favoráveis. Configura-se, assim, um caso de seleção adversa, em que prevalecerão as piores disposições contratuais. Se o fornecedor percebe que o consumidor é desinformado ou negligente, tende a adotar ações que configuram falhas de mercado, o que justificaria a intervenção regulatória qualitativa. Cláusulas ineficientes deveriam ser proibidas.

---

* Economista e ex-ministro da Fazenda do Brasil.

A restrição das liberdades das partes pelo regulador teria, então, o objetivo de compensar a considerável vulnerabilidade negocial dos consumidores. Outra hipótese é a da cláusula que obriga o consumidor a ressarcir os custos de cobrança. A regulação precisaria obrigar também o fornecedor a arcar com parte desses custos.

No campo da interpretação contratual – que pelo CDC deve ser favorável ao consumidor –, o fornecedor pode recorrer a contratos extensos e cheios de termos técnicos. Aqui, a proteção do consumidor vem do próprio CDC, art. 46, o qual prevê que os contratos "não obrigarão os consumidores [...] se os respectivos instrumentos forem redigidos de forma a dificultar a compreensão de seu sentido e alcance".

O capítulo também aborda o direito de arrependimento, que permite ao consumidor, dentro de certo período após a compra, desistir da aquisição do produto ou da contratação do serviço, desde que para remediar ineficiências. O consumidor pode abusar desse direito com a intenção de usar o produto e depois desistir. O fornecedor buscaria incluir no preço o respectivo custo, o que levaria os consumidores que não utilizam o direito a subsidiar os que o exercem. A AED tem uma solução: a regulação estabeleceria que o fornecedor garantiria a prerrogativa aos que aceitassem a opção (e os custos) de adquirir o direito.

Dias examina em seguida a questão do controle de preços, um dos temas em que o CDC é mais vulnerável a críticas da AED. A medida "fere de morte a livre iniciativa e a liberdade contratual". Ele analisa ainda a situação em que se concedia desconto para quem pagasse em dinheiro ou cheque, que foi, durante muito tempo, considerada prática "nociva ao equilíbrio contratual". Percebeu-se, depois, que a prática seria benéfica ao consumidor, o que veio a ser consagrado na Lei nº 13.455/2017. A proibição prejudicava os mais pobres, que pagavam em dinheiro ou cheque por não utilizarem cartão de crédito.

Por último, o capítulo examina práticas abusivas, como a de recusar atendimento a demandas do consumidor quando há estoque. Para o autor, "em um livre mercado, a recusa de fornecimento não deve ser preocupação nem para o governo, nem para o consumidor, que pode muito bem dirigir-se ao concorrente e obter o produto ou serviço análogo". Dias considera essa crítica excessiva. Para ele, "o fornecedor não pode selecionar arbitrariamente os consumidores, atendendo a uns e negando injustificadamente atendimento aos demais".

O capítulo seguinte, de Sérgio Branco, trata dos aspectos econômicos da propriedade intelectual e das justificativas de sua proteção. Para ele, "o direito de propriedade como a conhecemos atualmente foi forjado no final do século XIX", mas foi a partir especialmente da Revolução Industrial que se passou a defender a "proteção legal de obras artísticas e científicas como mecanismo de incentivo à criação".

A essa afirmação, poder-se-ia acrescentar o advento da lei inglesa de 1624, que estabeleceu a concessão de patentes. A lei disparou uma febre de invenções no século seguinte, em busca de formas de esgotamento mecânico de minas de carvão que eram inundadas. A corrida culminou com a criação do condensador de James Watt, que deu origem à máquina a vapor e daí à industrialização do Reino Unido e à revolução nos transportes com a invenção da locomotiva e do navio movidos a vapor.

O capítulo é uma interessante viagem a diferentes aspectos da propriedade intelectual e das justificativas de sua proteção. Apresenta a divisão da propriedade industrial entre direitos autorais, propriedade industrial e demais. Indica a distinção entre os bens protegidos pela propriedade física e pela propriedade intelectual, das quais emergem os elementos econômicos mais relevantes a serem enfrentados. Relevante para a análise econômica é saber se a propriedade intelectual é ou não um monopólio.

Uma característica interessante do advento da propriedade intelectual, não abordada no texto, é sua infinitude. Antes, como a propriedade era somente física, seu limite era a extensão e a ocupação do território. Já a propriedade intelectual, ainda que temporária, se expande de forma permanente pelo processo de inovação.

Branco indica os três grandes grupos da propriedade intelectual: (1) os direitos autorais, que protegem textos, filmes, fotografias, músicas, obras audiovisuais, obras de artes plásticas, entre outras; (2) a propriedade industrial, protegida em âmbito internacional e, no *front* interno, as regras da Lei de Propriedade Industrial (Lei nº 9.270/1996), a LPI; (3) o grupo *sui generis*, que abrange circuitos integrados, cultivares e conhecimentos tradicionais.

O texto descreve ricamente cada um dos cinco institutos protegidos pela LPI: (1) patentes de invenção e de modelo de utilidade; (2) desenhos industriais; (3) marcas; (4) indicação geográfica; (5) repressão à concorrência desleal. Quanto às marcas, embora possam ser visualmente agradáveis, sua função primária não é ornamental, mas de identificação de produtos ou serviços. Já o desenho industrial, seu elevado componente estético não dispensa a exigência de ser revestido "de caráter industrial, isto é, deve ser suscetível de reprodução e exploração industrial e não constituir obra puramente artística".

Os bens intangíveis, diz o texto, podem representar 80% do valor das empresas. Eles estão concentrados nas gigantes de tecnologia (Apple, Microsoft, Amazon, Alphabet e Facebook). Sua proteção se esgota com o tempo (20, 25, 50 e 70 anos). Extinta a proteção, qualquer pessoa pode auferir vantagens econômicas com a exploração do bem intelectual, que cai em domínio público.

Como não há escassez de bens imateriais, foi preciso estabelecer estratégias para protegê-los por meio da criação de direitos de exclusividade, que permitem ao titular do direito auferir lucros superiores aos que obteria em um mercado em concorrência, por meio da redução da oferta e do aumento de preços.

No que tange à proteção de criações imateriais, o autor menciona as duas teorias mais referenciadas: a teoria do trabalho e a teoria da personalidade. A primeira cria um paralelo entre o trabalho físico e o intelectual. Quem cultiva um campo, rega as mudas e cuida delas até que deem frutos tem direito a eles. Assim, "quem cria um texto ou uma invenção deve gozar do direito de exclusividade sobre o resultado de seu empenho". Pela teoria da personalidade, importa a expressão da vontade de seus autores.

Direitos autorais, prossegue, "se dividem em dois grupos: os patrimoniais e os morais". Os direitos morais não entram em domínio público, se relacionam à pessoa, caso do direito de ter o nome indicado como autor da obra. Já os direitos patrimoniais, os direitos econômicos sobre patentes e os de exploração de desenhos industriais são protegidos por tempo limitado. Podem ingressar em domínio público.

Quando as patentes ingressam em domínio público, torna-se possível, por exemplo, produzir medicamentos genéricos. As marcas continuam protegidas (Viagra, por exemplo), mas o princípio ativo pode ser reproduzido por outros laboratórios para oferecer medicamentos idênticos ou muito semelhantes.

Situação distinta, explica Branco, é a de quebra de patentes ou licença compulsória, que não se confunde com domínio público. Nesse caso, a titularidade continua em nome de quem detém os direitos de patente, mas seu uso não depende mais da autorização prévia do titular, que é remunerado enquanto vigora a licença compulsória, o que não ocorreria se ela tivesse ingressado em domínio público.

Há um grande desafio, qual seja o da proteção da propriedade industrial no mundo digitalizado. A Convenção de Genebra foi concebida em um período no qual as obras intelectuais eram, em essência, textos, obras de artes plásticas, música e peças de teatro executadas publicamente. A fotografia, que estava em seu início, era vista como arte. Ainda não havia aparecido o cinema, muito menos o rádio, a televisão e os computadores.

O controle de cópias foi um dos pilares da indústria cultural até o surgimento da internet. As cópias se tornaram baratas, de alta qualidade e fáceis de obter. A Netflix inaugurou o modelo de negócios baseado em assinatura mensal, permitindo o acesso a uma base de dados de obras intelectuais (músicas, filmes, livros) sem que o usuário precise fazer *download* do arquivo. Não há circulação de cópias.

Por fim, o autor analisa a questão da escassez artificial. Trata-se da NFT (*non-fungible tokens*), um certificado digital que se vale da tecnologia *blockchain* para assinalar determinado bem digital, tornando-o único. Mesmo que alguém reproduza a obra, a cópia não terá o mesmo valor, ainda que a qualidade seja a mesma. O valor decorre da assinatura do titular. É a escassez, nesse caso, que atribui valor a bens intelectuais.

O terceiro capítulo, de autoria de Thiago Bottino, discorre sobre direito e economia do crime. O autor diz que é possível "analisar o conceito de crime como comportamento socialmente danoso, a partir de considerações relacionadas à eficiência econômica". Com base no direito, diz que "apenas as mais graves violações constituirão crimes punidos com a restrição de liberdade", não sendo objeto da tutela penal os "comportamentos que não geram danos a outros indivíduos nem danos sociais".

Não punir condutas pode levar, todavia, a situações questionáveis do ponto de vista da eficiência, caso dos crimes tributários. Atualmente, de acordo com definições do Superior Tribunal de Justiça (STJ) e do Supremo Tribunal Federal (STF), não há crime de sonegação fiscal quando o dano causado for inferior a R$ 20 mil. Também não haverá crime se o sonegador efetuar o pagamento do imposto devido com juros e multa.

A justificativa é a de que a necessidade de o Estado arrecadar é socialmente mais importante do que a necessidade de impor penas aos autores desse crime.

Há, no entanto, críticas a essas duas regras: a ausência de punição pode estimular comportamentos criminosos. Restaria enfraquecido o efeito dissuasório do direito penal no crime de sonegação fiscal. Por outro lado, é preciso evitar que se banalize a aplicação do direito penal como meio dissuasório, cuidando-se também de averiguar os danos potenciais de sua própria aplicação.

Após examinar teorias absolutas e relativas que justificam a imposição de uma pena ao criminoso como um fim em si mesmas, dissociadas da busca de alguma finalidade socialmente útil, o autor afirma que "direito e moral caminham juntos, embora suas normas sejam, às vezes, diferentes". A ativação do aparelho repressivo estatal deve ocorrer somente quando caracterizada sua imperiosa necessidade.

Sobre a teoria econômica do crime, sua premissa seria a de que os indivíduos não se tornam criminosos em razão de sua origem social ou de características pessoais, mas das escolhas e decisões: a probabilidade de lucro advindo do crime é o que leva o indivíduo a delinquir, enquanto a ameaça de dor decorrente da pena é o que poderá dissuadi-lo. Se a primeira situação for mais forte do que a segunda, um crime será cometido.

A mesma teoria econômica do crime reconhece que nem todo sujeito racional opta por maximizar seu interesse de forma criminosa. A interação social e familiar pode construir "travas" ou "inibições" morais que inibem comportamentos socialmente indesejados, ainda que o benefício esperado pelo crime supere o custo esperado. A ausência de punição pode estimular a conduta criminosa e individualmente vantajosa. Enfim, a decisão de cometer um crime não se pauta pela análise de seus custos e benefícios.

Bottino sugere que a compreensão dos motivos pelos quais um indivíduo pratica um crime, ainda que ciente do risco de privação de sua liberdade, pode ser útil para desenhar regras de direito penal e processual e para definir quais comportamentos são proibidos e criar normas que desestimulem sua prática.

A legislação brasileira pune com dois a cinco anos e multa os casos de apropriação indébita de contribuições sociais e previdência, pena que se aplica à sua sonegação. Bottino mostra que na aplicação da mesma regra aos dois casos não se considerou adequadamente a teoria econômica. De fato, ao equiparar o crime, independentemente de haver ou não fraude, sinaliza-se ao agente que a conduta mais racional será fraudar a fiscalização para que não seja detectado o não pagamento. Caso seja descoberto, sofrerá a mesma pena aplicável ao outro agente que não realizou a fraude.

Acrescer anos de privação da liberdade, diz o autor, já mostrou que tem chances pequenas de gerar desincentivo à prática criminosa. Cita o exemplo recente da Lei dos Crimes Hediondos (Lei nº 8.072/1990), que aumentou as penas e instituiu regimes mais gravosos de cumprimento. Não houve, todavia, redução da criminalidade.

Para ampliar o custo esperado do crime, podem ser criados incentivos para que determinados criminosos cooperem, relatando fatos e autoria do crime em troca de benefícios. Trata-se do instituto da colaboração premiada. As investigações ganham eficiência, sobretudo nos crimes tradicionalmente "invisíveis", como os praticados por organizações criminosas e os crimes econômicos.

Os benefícios dessa regra podem exceder em muito os custos. Por isso, exige-se maior nível de cooperação do acusado, como a identificação de outros membros da organização criminosa e a indicação dos meios pelos quais se poderá provar a prática do crime, inclusive os que ainda não sejam do conhecimento da parte acusatória. Se, contudo, houver falsa colaboração ou os benefícios oferecidos não tiverem correspondência com seus custos o incentivo pode gerar efeito inverso, isto é, de colaborações que não trazem informações e indícios verdadeiros, prejudicando a acusação.

Bottino apresenta estudos e pesquisas sobre crimes econômicos. Em um caso, apesar de fiscalizar e punir administrativamente condutas lesivas ao Sistema Financeiro Nacional, o Banco Central não comunicava os casos ao Ministério Público com vistas à investigação criminal. Isso era fator determinante para o pequeno número de casos julgados pelo Judiciário. O mesmo aconteceu em crimes contra o mercado de capitais, na área da Comissão de Valores Mobiliários.

O quarto capítulo, escrito por Wilson Pimentel, refere-se à análise econômica da solução de disputas. Embora o processo judicial seja o método mais tradicional, é apenas mais uma forma de solução de disputas. O Judiciário carrega um estoque de 80 milhões de processos, com 30 milhões de ações novas por ano, a um custo anual de R$ 100 bilhões. Como existe gratuidade para a Fazenda Pública e para os conselhos profissionais, ações injustificadas permanecem na Justiça. A gratuidade é um estímulo à litigância e assoberbamento do Judiciário.

Ao lado do sistema estatal de solução de conflitos, a arbitragem, a mediação, a negociação e outros métodos contribuem para que se alcance o principal objetivo do direito, qual seja a pacificação social. O desenvolvimento desses métodos vem encontrando, todavia, dificuldades de natureza cultural e as associadas aos incentivos econômicos para a utilização de métodos alternativos.

A regulação pode alterar os incentivos para submeter um conflito ao Judiciário ou tentar resolvê-lo fora dele, enquanto a AED pode permitir que decisões sejam tomadas de maneira informada. O desenho institucional dos métodos de solução de disputas pode gerar incentivos adequados às partes em conflito.

Pimentel apresenta um breve histórico da AED aplicada à solução de disputas, indicando como diferentes estudos acadêmicos, do Brasil e do exterior, contribuíram para que a análise econômica do litígio decolasse. Menciona a participação do Conselho Nacional de Justiça, que criou dois grupos de trabalho para rever o tratamento dado aos custos do litígio. Um deles culminou na elaboração de projeto de lei entregue ao Congresso sugerindo políticas de ampliação do acesso à Justiça.

Em seguida, o autor discorre sobre o modelo de decisão do agente racional sobre litigar ou transigir. Citam-se vários autores que propuseram modelos econômicos, incluindo a aptidão das partes para assumir riscos. Há agentes tomadores de risco, outros que são neutros e os que são avessos ao risco.

Pimentel menciona modelos que explicam situações em que haverá acordo (quando a expectativa de ganho do autor é inferior à expectativa de perda do réu) e nas que não haverá (quando a expectativa de ganho do autor for maior do que a expectativa de perda do réu). A previsibilidade de resultado ajuda a reduzir diferenças entre as probabilidades de êxito do autor e do réu, aproximando as partes de uma solução consensual.

As diferenças entre expectativas de êxito são geralmente provocadas por um fenômeno similar à assimetria de informação. As soluções regulatórias não diferem muito das aplicadas para a correção dessa falha de mercado. A assimetria de julgamento tem impacto direto na judicialização de conflitos, o que realça a importância de incrementar a previsibilidade do resultado das ações judiciais.

Analisando a realidade brasileira, Pimentel comenta a litigância subsidiada e a assimetria informacional. Uma parte considerável dos custos do conflito não é suportada pelas partes litigantes do processo judicial, sendo repassada à sociedade. É o que se chama, em economia, de externalidade. Essa falha de mercado, se não for regulada, estimula a prática do ato que gera a externalidade. Se a judicialização não custar nada, ou quase nada, mais casos deixarão de ser resolvidos por acordo.

Em mercados competitivos, a empresa que optar pela prevenção de conflitos adotará estratégia mais custosa do que sua concorrente que nada investe, inundando o Judiciário com demandas repetitivas. Assim, assinala o autor do capítulo, o atual desenho institucional da solução estatizada de conflitos no Brasil consegue, ao mesmo tempo, incentivar a litigância e desestimular o investimento em prevenção. Por isso, Pimentel defende que os custos do conflito sejam internalizados pelas partes da disputa, ainda que, mais adiante, a sociedade opte em favor do subsídio ao acesso em situações justificáveis e responsáveis.

Quanto maior a probabilidade de as partes preverem o desfecho do processo, maior a possibilidade de chegarem a uma solução autocompositiva. O autor assinala que o Código do Processo Civil de 2015 evoluiu nesses dois pontos. Seu art. 926 estabelece que "os tribunais devem uniformizar sua jurisprudência e mantê-la estável, íntegra e coerente". Os arts. 976 e seguintes preveem a instituição do incidente de resolução de demandas repetitivas (IRDR), o qual possibilita que os processos que tratem de questões idênticas fiquem suspensos até o julgamento. Julgada a matéria, o entendimento deverá ser observado.

Já o art. 947 prevê a possibilidade de incidente de assunção de competência (IAC), quando "envolver relevante questão de direito, com grande repercussão social, sem repetição em múltiplos processos". Esses novos incidentes, somados a outros mecanismos como os aqui mencionados, buscam reduzir a incerteza jurídica.

O artigo conclui com o exame da solução estatal subsidiada e do desenvolvimento de métodos alternativos. As partes podem estabelecer, elas próprias, a solução da controvérsia ou confiar a decisão a terceiros neutros, que podem ou não ter poderes decisórios sobre o método da disputa. Esse terceiro pode ser escolhido pelas partes ou pertencer ao sistema estatal de solução de conflitos, no caso do juiz togado.

Na negociação e na arbitragem, como os custos são suportados pelas partes litigantes, o método acaba sendo menos oneroso do que o processo judicial. Neste, o vencedor não recupera os honorários contratuais gastos com seu advogado. Além disso, a previsão de pagamento de honorários sucumbenciais a um terceiro (advogado da parte vencedora) aumenta significativamente o custo da parte vencida sem elevar o ganho do vencedor. Confirma-se, assim, que a arbitragem é um método de solução de conflitos mais barato do que o processo judicial.

# Apresentação

*Armando Castelar Pinheiro*
*Antônio José Maristrello Porto*
*Patrícia Regina Pinheiro Sampaio*

Na presente obra, trazemos ao público leitor uma gama de artigos que abordam diferentes temáticas do campo jurídico pela perspectiva da análise econômica do direito (AED). São textos integrantes do material didático desenvolvido especialmente para o Projeto de Difusão de Conhecimentos em Direito, Economia e Justiça (DEJ), que tem por objetivo disseminar reflexões acerca da relação entre direito e economia aplicada à atividade jurisdicional. Sua implementação ocorre por meio de atividades de ensino e pesquisa conduzidas pela FGV Direito Rio em parceria com tribunais e suas escolas de magistratura.

Os textos aqui reunidos fazem parte do esforço de expandir a abrangência acadêmica do projeto, trazendo o olhar da AED sobre novos temas. Nesta oportunidade, discutem-se questões em torno das relações de consumo, propriedade intelectual, crimes e soluções de conflitos. Estes se somam aos 20 capítulos que compõem a obra *Direito e economia: diálogos* (FGV Editora, 2019), mostrando o quão amplas e ricas se apresentam as possibilidades de interação entre direito e economia na análise das questões sociais. Ao final da leitura, será possível avaliar a relevância, complexidade, diversidade e interdisciplinaridade dos temas aqui abarcados.

Espera-se que os textos que se seguem possam servir de base para o aprimoramento dos estudos de análise econômica do direito, assim como auxiliar os aplicadores do direito em suas atividades cotidianas.

Por fim, registramos nossos mais sinceros agradecimentos aos autores dos capítulos aqui compilados, que aceitaram gentilmente nosso convite para fazer parte desta nova etapa acadêmica do DEJ. Esperamos que as contribuições que se seguem fomentem novos estudos e inspirem novos debates e pesquisas.

CAPÍTULO 1

# Direito e economia do consumo: um diálogo necessário entre AED e direito do consumidor

*Daniel Dias*

## Introdução

A análise econômica do direito (AED) vem consolidando-se como um relevante instrumental para interpretação e aplicação de normas jurídicas nas mais diversas áreas do direito (Timm, 2021). Apesar disso, o direito do consumidor tem se mantido um campo ainda infenso à utilização de raciocínio e instrumental econômico. De fato, os consumeristas normalmente não demonstram maiores preocupações com análises de custo/benefício e com os impactos econômicos de leis sobre o mercado de consumo, sobretudo se esse raciocínio estiver servindo para questionar a viabilidade de normas que, com base em um juízo puramente normativo, parecem-lhes as que melhor atendem aos interesses do consumidor.

A resistência, contudo, aparenta ser de ambos os lados. Levando em conta o grande volume de pesquisa de AED que tem sido produzida em relação às demais áreas do direito, há ainda muito pouco material voltado para o direito do consumidor. Sintomaticamente, nos manuais de AED há capítulos dedicados às mais diversas áreas do direito, como contratos, reais, penal, processo e família. Ainda não apresentam, porém, capítulos, ou mesmo tópicos, dedicados exclusivamente ao direito do consumidor.[1]

[1] Ver, por exemplo, Posner (2014), Shavell (2004) e Porto e Garoupa (2020).

Essa desatenção mútua deve ser combatida, sendo mesmo imperioso que se fomente um diálogo entre a AED e o direito do consumidor. Sem o auxílio de análises empíricas ou raciocínios econômicos, corre-se o risco de que sejam geradas regras disfuncionais, que apenas aparentemente protegem o consumidor. Um exemplo disso é a imposição de etiquetagem unitária dos produtos expostos em prateleiras e gôndolas. Antes da Lei nº 10.962/2004, que pôs fim à questão, eram comuns as decisões judiciais obrigando os fornecedores a etiquetar individualmente os produtos expostos, de modo a facilitar o acesso à informação do preço pelo consumidor. Os magistrados baseavam essas decisões nos arts. 6º e 31 do Código de Defesa do Consumidor (CDC), porém não levavam em conta que havia um considerável custo na operação de etiquetagem e que todo ele era, por meio do aumento do preço das mercadorias, ao fim e ao cabo, repassado aos próprios consumidores, justamente àqueles a quem se queria proteger (Scoton, 2011:9).

O direito do consumidor tem muito a se beneficiar do ferramental teórico da AED (Timm e Meneguin, 2019). O presente capítulo pretende analisar diversos dispositivos do CDC à luz da AED, estabelecendo um diálogo entre os posicionamentos de adeptos da AED e de consumeristas sobre as mesmas regras. São analisados temas ligados à proteção contratual, como cláusulas abusivas, interpretação e direito de arrependimento (prazo de reflexão). São também enfrentados, agora no âmbito das práticas comerciais abusivas, alguns temas espinhosos, como controle de preços, recusa de atendimento, venda casada e limites quantitativos ao fornecimento de produtos ou serviços.

No desenvolvimento deste capítulo, foi dada atenção especial a dois trabalhos: "An economic analysis of consumer protection in contract law", de Stefan Haupt (2003), e "Uma análise econômica do direito do consumidor: como leis consumeristas prejudicam os mais pobres sem beneficiar consumidores", de

Bruno Bodart (2017). Trata-se de dois estudos de considerável extensão e especificamente voltados para a aplicação da AED ao direito do consumidor. Em relação a alguns temas, partiu-se da análise crítica ou sugestão apresentada por Bodart a determinadas normas do CDC, ponderando-as com os posicionamentos da doutrina consumerista, chegando-se, ao final, a um posicionamento próprio. Em diversos momentos, a contribuição da AED foi acolhida, mas, em outros, percebeu-se que a crítica ao CDC advinha de má ou incompleta compreensão das normas consumeristas.

## Regulação contratual qualitativa: nulidade de cláusulas abusivas nos contratos de adesão

O CDC intervém na autonomia das partes por meio de regulação contratual qualitativa. O art. 51 prevê um elenco de cláusulas que são consideradas abusivas e para as quais não se reconhece nenhuma eficácia jurídica, sendo-lhes cominada a sanção de nulidade de pleno direito.

Stefan Haupt apresenta uma boa explicação, à luz da AED, a respeito da regulação contratual qualitativa de contrato de adesão no âmbito dos contratos de consumo. Em geral, a intervenção material nos contratos é eficiente quando reunidos três requisitos: (1) o legislador tem conhecimento do que as partes plenamente informadas teriam estipulado; (2) ele tem incentivo para legislar regras ótimas, não tendo sido influenciado por grupos de interesse; (3) as preferências dos consumidores são homogêneas o suficiente para justificar determinadas padronizações na regulação qualitativa (Haupt, 2003:1151).

A padronização contratual pode promover a concorrência de preços pela atenuação da diferenciação do produto e pela redução dos custos de transação – tanto da negociação quanto da redação de contratos individuais. Os contratos de adesão podem, por essa perspectiva, aumentar a eficiência (Haupt, 2003:1151).

A regulação de contratos de adesão é comumente fundamentada no argumento de que as cláusulas-padrão, que emergem naturalmente das negociações entre as partes, manifestariam uma "situação de monopólio" dos fornecedores e indicariam um "poder de negociação desigual" que deixa os consumidores em uma "posição de pegar ou largar." Tal alegação de poder de monopólio não é, porém, inteiramente convincente, porque contratos de adesão estão presentes também em mercados muito competitivos. Além disso, "o direito da concorrência é um remédio mais adequado se problemas significativos de estrutura de mercado surgirem de conluios entre empresas oferecendo um conjunto padronizado de contratos" (Haupt, 2003:1151-1152)

Um melhor fundamento para a regulação de contratos de adesão são as assimetrias informacionais. "Os consumidores têm acesso limitado às informações relevantes, capacidades limitadas para processamento de dados e recursos limitados para reconhecer e considerar plenamente todas as cláusulas adicionais" (Haupt, 2003:1152). Além de a quantidade de cláusulas nos contratos de adesão ser normalmente elevada, o consumidor médio geralmente não tem condições de avaliar todas as suas consequências. A questão não é apenas a de entender o significado de uma determinada cláusula, mas também a de aplicar essa informação às circunstâncias individuais do consumidor contratante. Os custos de uma avaliação cuidadosa das cláusulas contratuais podem ser, então, superiores ao proveito que o consumidor espera obter com o contrato. Nesse cálculo, o consumidor tem de considerar que várias cláusulas são previstas para eventos que têm baixa probabilidade de ocorrer. Assim, na medida em que um esforço continuamente crescente para entender as cláusulas não leva a um proveito continuamente crescente decorrente dessa compreensão, os consumidores geralmente decidem não despender nenhum recurso para uma tal avaliação. Os consumidores celebram contratos de adesão normalmente sem lê-los, o que pode então ser considerado uma

> ignorância racional e comportamento eficiente quando os custos de transação para estudar e comparar diferentes conjuntos de cláusulas excedem o benefício de reduzir a probabilidade de que uma cláusula irá causar um problema [Haupt, 2003:1152].

Por outro lado, o fornecedor pode se utilizar de "economias de escala", redigindo uma única vez um contrato-padrão para utilização em inúmeras contratações, repartindo assim os custos um número infinito de vezes. Como resultado da conjugação desses fatores ligados a ambas as partes, os consumidores não pesquisam por ofertas contendo previsões contratuais mais favoráveis, aderindo ao conjunto de cláusulas disponibilizadas pelos fornecedores. A concorrência, portanto, não garante que os contratantes celebrem contratos em termos satisfatórios. E, por conta de seleção adversa, apenas as piores cláusulas-padrão acabarão sendo mantidas no mercado. Reiteradas transações poderiam sanar essa falha de mercado, a depender da extensão e da rapidez com que novas contratações fossem rejeitadas pelos mesmos ou por outros consumidores informados. Se os fornecedores com ofertas em termos desvantajosos sofrerem uma redução suficientemente grande na demanda, eles terão um incentivo para melhorar sua oferta a fim de evitar que a redução da quantidade exceda seu maior lucro potencial (Haupt, 2003:1153).

Em alguns mercados, consumidores que pesquisam por melhores ofertas poderiam proteger a maioria dos consumidores que não analisam os contratos de adesão. Os fornecedores podem ter de reagir se um número considerável de consumidores informados deixar de contratar por não aceitar determinadas cláusulas. Mas a falha de mercado persistirá caso o valor das transações destes consumidores mais diligentes seja inferior ao ganho que o fornecedor pode obter explorando os consumidores menos cuidadosos, ou se ele puder diferenciar os consumidores de ambas as categorias. Além disso, "pode surgir um problema de escolha coletiva quando todos os consumidores tentam pegar carona no monitoramento de outros" (Haupt, 2003:1153-1154).

Podem-se distinguir dois cenários: um em que os fornecedores são capazes de diferenciar os consumidores e outro em que eles não são. Se não forem capazes e as preferências dos consumidores forem homogêneas, determinada parcela de consumidores informados pode conseguir disciplinar o mercado. E se os gostos forem heterogêneos, os consumidores informados têm de ser consumidores típicos. Mas se, por outro lado, os fornecedores forem capazes de diferenciá-los, porque conseguem reconhecer um consumidor desinformado (o que ocorre especialmente quando há negociações entre as partes e são realizadas transações pouco frequentes e de valores elevados), as falhas de mercado não serão sanadas mesmo que a maioria dos consumidores seja informada (Haupt, 2003:1154).

Esse cenário pode justificar intervenção regulatória qualitativa. Em mercados que funcionam relativamente bem e nos quais não há diferenciação dos consumidores, é aparentemente suficiente a imposição de deveres de informação, como exigências de destaque e negrito. Mas em mercados em que há discriminação de consumidores e surgem falhas substanciais de mercado, cláusulas ineficientes, que consumidores informados não aceitariam, deveriam ser proibidas. É o caso, por exemplo, de uma cláusula de isenção de responsabilidade por prejuízos decorrentes de conduta dolosa do fornecedor, que encorajaria o oportunismo e a conduta destrutiva. Um elenco com cláusulas desse tipo "poderia reduzir incerteza, permitiria aos mercados ajustar os preços e poderia ainda deixar espaço para aprendizagem" (Haupt, 2003:1154).

Apesar de o art. 51 do CDC não ser aplicável apenas a casos de contratos de adesão, mas sim a todo e qualquer contrato de consumo, entende-se que a lista de cláusulas abusivas prevista nesse dispositivo pode desempenhar esse papel reconhecido pela AED. No entanto, apesar de a previsão abstrata de um elenco de cláusulas abusivas poder estar em sintonia com a análise econômica, o rol previsto pelo art. 51 do CDC tem sido criticado em estudos nacionais aplicando AED ao direito do consumidor. Afirma-se que no elenco legal são utilizadas "expressões extremamente vagas"; que em vez de absoluta proscrição de cláusulas tidas por abusivas, dever-se-ia trabalhar com "regras-padrão aderentes" (*sticky default rules*), que preservam a liberdade das partes, mas impõem "ônus" que dificultam a alteração pelos contratantes de regras legais padronizadas mais benéficas aos consumidores; que "poucas são as matérias" em que as partes podem se afastar de regras legais padronizadas e que se tem por favoráveis ao consumidor, de modo que "praticamente qualquer cláusula que se possa considerar desfavorável ao consumidor é proibida, ainda que este considere vantajosa a sua contratação"; e que, por fim, "termos contratuais favoráveis ao consumidor não são impostos a custo zero" (Bodart, 2017:125).

De maneira geral, seria possível contrapor que essa restrição da liberdade das partes visa compensar a considerável vulnerabilidade negocial dos consumidores. Essa contraposição genérica não levaria, porém, a avanços na discussão, mas sim a uma reiteração de uma linha já tradicional de debate e análise da matéria. Em vez de prosseguir nesse plano genérico, mais profícuo é, então, o exame e discussão sobre a perspectiva que a AED lança sobre algumas das hipóteses de cláusulas abusivas previstas no art. 51 do CDC.

Por limitações de espaço, vai-se enfocar apenas uma das cláusulas abusivas, mais especificamente a previsão do art. 51, XII, do CDC, a qual veda a estipulação de cláusulas que "obriguem o consumidor a ressarcir os custos de cobrança de sua obrigação, sem que igual direito lhe seja conferido contra o fornecedor". Bruno Bodart, destacado adepto da AED no Brasil, critica essa norma, argumentando que ela "obriga o fornecedor a embutir esses '*custos de cobrança*' no preço do produto ou serviço, de modo que todos os consumidores pagarão mais caro, inclusive aqueles que não geram custos de cobrança relevantes" (Bodart, 2017:125).

A crítica baseia-se em tese que com frequência faz sentido, mas que no caso não é aplicável. O art. 51, XII, do CDC não proíbe a estipulação de cláusulas que obriguem o consumidor a ressarcir o fornecedor pelos custos de cobrança de sua obrigação. Analisando cuidadosamente o dispositivo, percebe-se que a questão é muito mais de exigência de reciprocidade do que propriamente de vedação de previsões contratuais que imponham ao consumidor ressarcimento dos custos de cobrança. Como explica Flávio Tartuce, "o CDC não veda a estipulação que impõe ao consumidor o pagamento das despesas de cobrança em decorrência do inadimplemento". A lei exige, porém, "que esse direito seja uma *via de mão dupla*, ou seja, somente será válida a cláusula se constar do mesmo modo contra o fornecedor". A norma visa, portanto, "a manter o equilíbrio contratual, a sua equivalência material e a boa-fé objetiva" (Tartuce e Neves, 2020:317-318, grifo no original).

Por outro lado, vale mencionar que a previsão do art. 51, XII, do CDC é criticada também por parte da doutrina consumerista, a qual defende que o CDC deveria proibir de todo cláusulas que obriguem o consumidor a ressarcir os custos de cobrança de sua obrigação. Um primeiro fundamento apresentado é o de coibir abuso dos fornecedores. Afirma-se que, com esse tipo de cláusula, as partes objetivavam originalmente "fazer com que o inadimplente compensasse o credor pelas despesas havidas com cobradores e advogados". Mas sua estipulação teria dado azo a diversos abusos, "com fornecedores cobrando tais quantias mesmo quando não faziam uso da estrutura de cobrança e muito menos de advogados". Além disso, defende a doutrina que se chegou à conclusão de que "essas despesas eram inerentes à atividade do fornecedor e que as multas e encargos admitidos na legislação já seriam suficientes para compensá-lo pela necessidade de cobrar seu crédito, pelo que seria injusto exigir um reembolso do consumidor" (Vasi Werner, 2018:178).

Esse posicionamento de parcela dos consumeristas é também merecedor de crítica. Em primeiro lugar, é importante ter em conta que os custos de cobrança da obrigação inadimplida podem ser considerados prejuízos a que a mora do devedor deu causa, sendo então de responsabilidade deste (CC, art. 395). Tanto o fornecedor quanto o consumidor têm, portanto, em princípio e independentemente de previsão contratual, direito a serem indenizados por esse prejuízo causado pela mora da contraparte (Khouri, 2021:169).

Além disso, o fato de a cláusula ter eventualmente sido instrumento de abuso por parte dos fornecedores não deve levar pura e simplesmente à sua proibição. Note-se que a cláusula apenas prevê a possibilidade de o custo da cobrança ser repassado para o consumidor, o que não exime o fornecedor de ter de provar sua existência. A atenção redobrada com essa questão probatória é o remédio adequado para coibir abusos, e não a vedação da estipulação da cláusula.

Por outro lado, não é convincente o argumento de que as despesas de cobrança seriam inerentes à atividade do fornecedor e que, portanto, não deveriam ser admissíveis as cláusulas que obrigam o consumidor a ressarci-las. Tal posição parece desconsiderar o fato de que os custos de cobrança existem e que, caso eles não possam ser cobrados dos próprios consumidores inadimplentes, eles serão embutidos no preço e suportados por todos os consumidores. Nesse ponto, é cabível a advertência geral de Bruno Bodart (2017:125), já referida, de que é preciso ter sempre em mente "que termos contratuais favoráveis ao consumidor não são impostos a custo zero".

Por fim, e se já houver no contrato previsão de cláusula penal, ainda assim é devido o ressarcimento de custos de cobrança? A resposta vai depender da situação. Na fixação do valor da cláusula penal, é possível que as partes já tenham levado em conta os custos de cobrança da obrigação descumprida. Se esse for o caso, a cláusula será abusiva, por conta do art. 51, IV, do CDC, e consequentemente nula. Entretanto, como ressalva Khouri (2021:170), se o fornecedor conseguir demonstrar que seus custos de cobrança excedem o valor da cláusula penal, "parece justo que o consumidor seja obrigado a complementar-lhe o valor dos prejuízos experimentados, desde que haja cláusula nesse sentido".

## Interpretação contratual

Não só as normas relativas ao conteúdo do contrato de consumo, mas também a previsão relativa à interpretação contratual é examinada com base no instrumental da AED. O art. 47 do CDC prevê que "as cláusulas contratuais serão interpretadas de maneira mais favorável ao consumidor". Bruno Bodart (2017:126) afirma que essa norma gera um incentivo para que os fornecedores redijam os contratos de tal maneira que restem "sem margem para dúvidas". Entende ainda que, para prevenir ambiguidades que favoreçam os consumidores, "a tendência é que contratos sejam maiores, mais prolixos e com mais termos técnicos ou jurídicos".

Bodart (2017:126-127) critica a norma, argumentando que ela elevaria os "custos de transação" dos fornecedores, mas não traria vantagem efetiva para os consumidores. Pelo contrário, a redação mais técnica e prolixa dificultaria "o entendimento de contratantes mais humildes". E o pior é que os consumidores acabariam "vinculados àqueles termos inequívocos, ainda que porventura não sejam capazes de compreendê-los adequadamente". Por isso, conclui Bodart que "o chamado '*in dubio pro consumidor*' pode muito bem agir contra o consumidor".

Essa leitura parte de premissa correta, mas chega a conclusão incompatível com o CDC. A regra de interpretação favorável ao consumidor gera, de fato, incentivos para que os fornecedores redijam os contratos de maneira que o sentido das suas cláusulas seja unívoco e isso, em tese, poderia levar a contratos mais extensos e contendo mais termos técnicos. Ocorre que o CDC contém regras que impedem que os referidos incentivos influenciem os fornecedores a ponto de os contratos resultarem longos e técnicos demais, em detrimento da compreensão do consumidor.

Além das diversas previsões mais gerais que garantem ao consumidor o direito a informações claras e adequadas sobre os produtos e serviços (ver, entre outros, o art. 6º, III), o CDC prevê que os contratos de consumo "não obrigarão os consumidores [...] se os respectivos instrumentos forem redigidos de modo a dificultar a compreensão de seu sentido e alcance" (art. 46, *in fine*) e que os contratos de adesão devem ser redigidos em "termos claros [...], de modo a facilitar sua compreensão pelo consumidor" (art. 54, § 3º).

Com base nesses dispositivos, Rizzatto Nunes (2019:702) destaca que "não tem sentido lógico ou jurídico obrigar o consumidor a cumprir cláusulas contratuais criadas unilateralmente pela vontade e decisão do fornecedor, [...] sem que ele (consumidor) não compreenda o sentido e o alcance do texto imposto".

Partindo do art. 46 do CDC, Flávio Tartuce (2020:258-259, grifo no original) afirma que "as cláusulas contratuais devem ser elaboradas para a devida compreensão pelo *brasileiro médio* (pessoa natural comum)". Dessa maneira, complementa ele que, "diante da realidade cultural brasileira, os termos devem ser simples, sem grandes desafios em sua leitura e compreensão, sob pena de sua não vinculação ou a cabível solução de nulidade absoluta, conforme outrora se expôs".

Em relação à previsão de que os termos do contrato de adesão devem ser claros (art. 54, § 3º, do CDC), Rizzatto Nunes (2019:703) assevera que "o que a norma pretende é evitar o uso de linguagem técnica ou inacessível. Como a informação é dirigida ao consumidor (leia-se: todo consumidor), que é leigo, não se pode admitir que contenha ela termos ininteligíveis".

O art. 47 do CDC, portanto, não leva (não pode levar) a um cenário em que os contratos são excessivamente longos e técnicos, pois isso é vedado por outras normas do próprio CDC. Mas, para além disso, importa mencionar a necessidade e qualidade material dessa norma de interpretação. Por mais cuidadosa que seja a redação de um contrato, não é possível excluir de todo a possibilidade de remanescerem cláusulas ambíguas, que comportem mais de uma interpretação razoável. E em casos de dúvida, qual deve ser a solução? Havendo mais de uma interpretação razoável, qual deve prevalecer?

Faz todo o sentido que a solução seja a de preferir a interpretação favorável ao consumidor. Primeiramente, porque é normalmente a parte que não redigiu, mas apenas aderiu à cláusula. Segundo: mesmo que tenha participado da redação, é normalmente a parte mais vulnerável, dotada de menos condições para compreender o sentido e as implicações das cláusulas redigidas. Por ser quem controla os riscos da redação, o fornecedor é a melhor pessoa a responder por eles.

Solução análoga é amplamente aceita em contratos de adesão, mesmo em relações civis e comerciais. O Código Civil (CC) tradicionalmente prevê que "quando houver no contrato de adesão cláusulas ambíguas ou contraditórias, dever-se-á adotar a interpretação mais favorável ao aderente" (art. 423). Mais recentemente, a Lei de Liberdade Econômica acrescentou regra análoga, mas com alcance mais amplo, aplicável a todos os negócios jurídicos: "A interpretação do negócio jurídico deve lhe atribuir o sentido que: [...] for mais benéfico à parte que não redigiu o dispositivo, se identificável" (art. 113, § 1º, IV, do CC).

E, em âmbito internacional, regras análogas ao art. 47 do CDC encontram-se positivadas em diversos outros países. Por exemplo, no Código Italiano de Consumo (art. 35), no Código de Consumo Francês (L. 211-1) e no Código Argentino de Direito do Consumidor (art. 3º).

## Direito de arrependimento (prazo de reflexão)

Outra ferramenta amplamente difundida em termos de proteção dos consumidores é o direito de arrependimento ou prazo de reflexão. Trata-se do direito do consumidor a, dentro de certo período após a celebração do contrato, desistir da aquisição do produto ou da contratação do serviço. À luz da AED, os períodos de reflexão só se justificam se forem necessários para remediar ineficiências (Haupt, 2003:1147).

Uma tal situação de ineficiência pode surgir, em primeiro lugar, do fato de que os consumidores nem sempre agem racionalmente. Eles têm, muitas vezes, "preferências instáveis", que dependem da situação em que estão quando tomam as decisões. Este é o caso, por exemplo, ao agirem sob pressão. O direito de arrependimento pode ser, então, uma medida justificada, uma vez que permite ao consumidor "repensar sua escolha de curto prazo e refletir mais sobre suas preferências de longo prazo" (Haupt, 2003:1147).

Em segundo lugar, períodos de reflexão podem também ser justificados por "situações de monopólios situacionais", nas quais, devido a circunstâncias particulares, os consumidores, em uma posição de "aprisionamento" ou "bloqueio" (*"lock-in" position*), estão erroneamente convencidos de que será mais oneroso encontrar fornecedores alternativos para um produto que lhes é apresentado como único. É o que pode acontecer, por exemplo, na venda em domicílio ou a distância (Haupt, 2003:1148).

Por fim, assimetrias de informação podem levar, por conta de seleção adversa, a falhas de mercado, as quais podem justificar a medida de prazo de reflexão, porque assim os consumidores obtêm mais tempo para adquirir as informações relevantes. As assimetrias informacionais são típicas das contratações a distância, nas quais o consumidor, pela própria natureza do contrato, é informado de maneira inadequada, pois é impossível a inspeção prévia (Haupt, 2003:1148).

Como os consumidores poderão desistir do contrato após terem a oportunidade de inspecionar o produto ou serviço, os prazos de reflexão incentivam os fornecedores a definir os preços correspondentes à qualidade real de produtos ou serviços e não superiores ao valor baseado em informação completa. E, assim, induzem os fornecedores a revelar, por meio do mecanismo de preços, informações sobre a qualidade do produto ou serviço (Haupt, 2003:1148).

Por outro lado, o direito de arrependimento pode gerar efeitos adversos que devem ser levados em conta em uma análise de custo/benefício. Há, primeiramente, o perigo de risco moral (*moral hazard*) e oportunismo *ex post* em relação aos consumidores. Estes podem se sentir tentados a abusar desse direito, por exemplo, comprando o produto já com a intenção de usá-lo e depois desistir do contrato durante o prazo de reflexão (Haupt, 2003:1149).

Além disso, com o direito de arrependimento, pode-se dizer que, na prática, a transação é efetivamente concluída apenas depois de vencido o prazo de reflexão. A medida gera atraso e incerteza que, por sua vez, elevam o custo da transação. Em terceiro lugar, o fornecimento pode ser reduzido, o espectro de produtos ou serviços oferecidos pode encolher e os fornecedores podem até deixar o mercado devido ao risco de possível arrependimento e respectivos custos de conformidade (Haupt, 2003:1149).

Portanto, para determinar a duração ideal de um prazo de reflexão, deve-se buscar um balanço ou equilíbrio entre, de um lado, permitir que o consumidor tenha tempo bastante para obter e assimilar as informações relevantes sobre o negócio celebrado e, de outro, evitar que os custos de transação ultrapassem as vantagens obtidas. No caso em que o próprio consumidor consegue, por si só, obter a um custo mais baixo, todas as informações relevantes sobre o produto, o prazo de reflexão pode tornar supérfluos os deveres de informação por parte dos fornecedores (Haupt, 2003:1149-1150).

O CDC traz a seguinte regulação do direito de arrependimento:

> Art. 49. O consumidor pode desistir do contrato, no prazo de 7 dias a contar de sua assinatura ou do ato de recebimento do produto ou serviço, sempre que a contratação de fornecimento de produtos e serviços ocorrer fora do estabelecimento comercial, especialmente por telefone ou a domicílio.

O prazo de sete dias é geral, valendo para todos os tipos de produtos e serviços. Nos casos envolvendo produtos ou serviços com características tangíveis, que permitem ser avaliados pelo consumidor antes mesmo da contratação (*search goods and services*), esse período parece ser longo demais, uma vez que o consumidor pode inspecioná-los assim que os tiver em mãos. Em outras situações, todavia, o prazo de sete dias pode ser muito curto para uma avaliação adequada. Esse pode ser o caso envolvendo produtos ou serviços que só podem ser devidamente avaliados depois que o produto foi adquirido e efetivamente experimentado (*experience goods and services*), ou aqueles que são difíceis de ser avaliados mesmo depois disso (*credence goods and services*). Nesse segundo grupo de casos, o período de reflexão poderia ser justificado mais por conta das "preferências instáveis" dos consumidores do que como uma medida eficiente para sanar assimetrias informacionais (Haupt, 2003:1150).

O prazo de reflexão gera custos para o fornecedor, que vai ter de inspecionar e embalar novamente a mercadoria rejeitada. E, em muitos casos, a mercadoria passa a ter o valor de um item usado em vez de um novo. Na Europa, em que as Diretivas de Venda em Domicílio (85/577/EEC) e a distância (97/7/CE) preveem regramentos análogos ao art. 49, CDC, a doutrina de AED afirma ser questionável se os benefícios para o consumidor superam os referidos custos substanciais (Haupt, 2003:1150). No Brasil, essa avaliação é agravada, porque aqui o fornecedor tem comparativamente um custo adicional, pelo fato de ter de pagar também pelo transporte de devolução da mercadoria (Miragem, 2020:506).

Há, contudo, pela via da reforma legislativa, um afinamento na norma que poderia superar essa crítica. Em vez de concedidos a todos os casos, "sempre que a contratação [...] ocorrer fora do estabelecimento comercial" (art. 49, CDC), poderia ser imposto aos fornecedores o dever de ofertar aos consumidores a aquisição onerosa do direito de arrependimento. Na forma atual, são beneficiários do direito e pagam pelos seus custos todos os consumidores, inclusive aqueles que dele não precisam. É o caso, por exemplo, de um consumidor que está comprando pela internet um produto que ele precisa e já conhece bem. Nessa hipótese, o consumidor não está agindo sob pressão nem precisa de tempo para conhecer melhor o produto. Esse consumidor, portanto, não tem interesse no direito de arrependimento e, se pudesse optar, não estaria disposto a pagar nenhum valor por ele.

Mas, no direito atual, nada pode ser feito, pois são nulas quaisquer cláusulas que "impliquem renúncia ou disposição de direitos" (art. 51, I, do CDC). No cenário atual, os consumidores que não têm interesse no prazo de reflexão acabam subsidiando os custos desse direito para os consumidores que dele fazem uso. Melhor seria que só pagassem pelo direito de arrependimento aqueles consumidores que nele tivessem interesse. Em vez de conceder um direito para todos os casos, o legislador deveria, como sugerido, impor aos fornecedores o dever de, em caso de contratação fora do estabelecimento comercial, disponibilizar aos consumidores a opção de adquirir o prazo de reflexão. Nesse caso, o prazo poderia ser inclusive flexível, compatível com o tempo necessário para inspeção do produto ou serviço em causa. E o valor também seria calculado com base na extensão e nos custos operacionais adequados ao caso.

## Controle de preços

Um dos temas do CDC mais vulneráveis às críticas da AED é o do controle de preços. Segundo Bruno Bodart (2017:129), "submeter o preço e a qualidade do objeto da contratação em negócios puramente privados a restrições obrigatórias impostas pelo Estado fere de morte" a livre iniciativa e a liberdade contratual (arts. 1º, IV, 5º, II, e 170, CF/1988). Além disso, "o controle de preços retira o incentivo que empresários têm para produzir bens importantes para a sociedade: o lucro". A consequência das referidas interferências é o "sucateamento do fornecimento pelos prestadores que já estão no mercado" e "o desestímulo ao ingresso de novos entrantes".

Antes de adentrar a análise dos dispositivos do CDC, é preciso fixar, de um lado, a premissa de que a livre estipulação de preços integra o conteúdo dos princípios da livre iniciativa

(Barroso, 2001:208; Comparato, 1991:18-19) e da livre concorrência (Ferraz Jr., 1990:30-31; Lopes, 2015:32). Por outro lado, é igualmente importante assentar que é possível que haja intervenção do Estado na ordem econômica, impondo restrições à estipulação de preços (Barroso, 2001:188; Comparato, 1991:22; Ferraz Jr., 1990:21 e segs.). Toda e qualquer intervenção nesse sentido tem, contudo, de observar, entre outros limites, a regra da proporcionalidade (Barroso, 2001:209; Comparato, 1991:23; Ferraz Jr., 1990:28).

O CDC contém alguns dispositivos que são normalmente tidos como voltados para controlar os preços nas relações de consumo. Entre outras, as previsões de maior destaque são as que estabelecem como práticas abusivas "exigir do consumidor vantagem manifestamente excessiva" (art. 39, V) e "elevar sem justa causa o preço de produtos ou serviços" (art. 39, X).

Em relação ao art. 39, X, do CDC, as referidas críticas de Bodart são procedentes. Esse dispositivo, caso interpretado e aplicado na sua literalidade, seria inconstitucional por violação da livre iniciativa e da livre concorrência. Trata-se de previsão fruto de transposição imperfeita de dispositivo da antiga Lei de Defesa da Concorrência (art. 21, XIV, da Lei nº 8.884). Nessa lei, a elevação injustificada de preços era elencada em rol ilustrativo de potenciais infrações da ordem econômica, mas que só relevavam na medida em que tivessem por objeto ou pudessem representar, sobretudo, exercício abusivo de posição dominante (art. 20, IV). Na transposição para o CDC, a vedação foi prevista sem esse fundamental requisito, restando a proibição pura e formal da conduta de elevação de preço sem justa causa (Dias, Nogueira e Quirino, 2019:54 e segs.).

Aplicado na sua literalidade, o art. 39, X, do CDC é brutalmente gravoso à livre iniciativa e à livre concorrência dos fornecedores, aniquilando quase que totalmente a liberdade de fixação de preço. Partindo-se da livre iniciativa, da livre concorrência e do consequente regime de liberdade de preços, o fornecedor é, em geral, autorizado a elevar o preço de seus produtos e serviços a seu bel-prazer. Eventual aumento de preço pode decorrer de mero interesse do fornecedor em ampliar sua margem de lucro (seja para fazer frente a gastos de ordem pessoal, seja por mera ganância), mas também para buscar outros objetivos lícitos, como dirigir seu produto a um público de maior renda (Dias, Nogueira e Quirino, 2019:66).

Parte da doutrina consumerista reconhece e defende expressamente essa liberdade do fornecedor de estipulação de preço. Rizzatto Nunes (2019:626) afirma que

> no regime atualmente vigente no País de liberdade de preços não se pode falar de aumento abusivo *antes* da contratação ou da oferta tendente à contratação (que vincula o fornecedor). Se o fornecedor está vendendo num dia por um preço e resolve no dia seguinte aumentá-lo, pode fazê-lo à vontade.

De maneira análoga, Bruno Miragem (2020:411) leciona que,

> em um regime de livre iniciativa, [...] frente à ausência de controle direto de preços, não se pode, *a priori,* retirar do fornecedor a possibilidade de readequar os preços de seus produtos e serviços, inclusive para – se entender correto – aumentar sua margem de lucro.

Em estudo publicado em 2019, identificamos que há seis interpretações propostas pela doutrina e pelos tribunais para o art. 39, X, do CDC. Nesse artigo, analisamos as posições e constatamos que todas elas ou inquinavam a norma de inconstitucionalidade ou faziam com que o dispositivo restasse inútil do ponto de vista dogmático. Como solução, defendemos interpretação inovadora de que o dispositivo é aplicável a situações de discriminação de preços, ou seja, quando o fornecedor eleva o preço de produto ou serviço para um consumidor em relação a outro. Em casos como esse, a elevação de preços precisa ter justa causa, sob pena de ser abusiva. Esta é, a nosso ver, a interpretação do art. 39, X, do CDC capaz de garantir-lhe constitucionalidade e conferir-lhe relevância prática (Dias, Nogueira e Quirino, 2019:51-97).

Uma aplicação prática desse entendimento é o caso da discriminação de preços em função do método de pagamento, em especial com cartão de crédito ou em dinheiro. Em 2015, o STJ (REsp nº 1.479.039) chegou a decidir que constituiria prática abusiva os fornecedores concederem "desconto" para consumidores que pagassem em dinheiro ou cheque. A princípio, entendia-se que a prática seria prejudicial aos consumidores, sob o argumento de que seria "nociva ao equilíbrio contratual", devendo, portanto, ser vedada.

Após uma análise mais detida, envolvendo elementos empíricos sobre os efeitos econômicos da medida protetiva, percebeu-se que a liberação da prática era, na verdade, benéfica aos consumidores, o que acabou sendo consagrado legislativamente em 2017 pela Lei nº 13.455. Verificou-se que, na realidade, era sua proibição que estava trazendo prejuízo aos consumidores mais pobres, que normalmente não utilizavam cartão de crédito e, ao pagarem em dinheiro ou cheque, estavam custeando o uso do cartão de crédito das camadas mais abastadas. O repasse da taxa ao consumidor que compra com cartão corresponde, portanto, a caso em que o fornecedor eleva com justa causa o preço do produto ou serviço em relação ao consumidor que paga com dinheiro ou cheque (Dias, Nogueira e Quirino, 2019:84-86).

Diferente é a análise do art. 39, V, do CDC. Esse dispositivo pode ser inserido em um conjunto de normas tradicionais que, no fundo, visam tutelar a liberdade das partes contratantes. A vedação do preço excessivo, muito acima do valor de mercado, está umbilicalmente ligada a situações em que o contratante, que acaba aderindo a esse preço elevado, na realidade não tinha condições efetivas para se autodeterminar e concluir livremente se queria ou não celebrar o contrato por aquele preço excessivo. Em geral, o aderente está em situação de premente necessidade e se vê compelido a aceitar o preço que o ofertante estipula. Em situações como essa, o controle indireto de preços é plenamente justificado e constitucional.

Por exemplo, a Lei nº 1.521/1951 prevê como crime contra a economia popular a usura pecuniária ou real, sendo assim tipificada a conduta de "obter, ou estipular, em qualquer contrato, abusando da premente necessidade, inexperiência ou leviandade de outra parte, lucro patrimonial que exceda o quinto do valor corrente ou justo da prestação feita ou prometida" (art. 4º, "b"). O Código Civil prevê o estado de perigo: "Art. 156. Configura-se o estado de perigo quando alguém, premido da necessidade de salvar-se, ou a pessoa de sua família, de grave dano conhecido pela outra parte, assume obrigação excessivamente onerosa". E prevê também a lesão: "Art. 157. Ocorre a lesão quando uma pessoa, sob premente necessidade, ou por inexperiência, se obriga a prestação manifestamente desproporcional ao valor da prestação oposta" (Porto, Kloh e Franco, 2021, no prelo).

A objeção que se pode fazer, contudo, é a de que todos os dispositivos citados levam expressamente em conta, além do valor excessivamente alto da prestação assumida, o elemento da necessidade ou inexperiência da pessoa que aceita contratar nesses termos desvantajosos. O art. 39, V, do CDC, por sua vez, fala apenas no elemento da vantagem manifestamente excessiva.

A essa objeção, podem se contrapor dois argumentos. De um lado, é possível entender a falta de exigência expressa da necessidade ou inexperiência do consumidor como uma expressão de algo que já é presumido. Ou seja, por conta do reconhecimento geral da vulnerabilidade do consumidor (art. 4º, I, do CDC), a necessidade ou a inexperiência do consumidor são presumidas, de modo que, em determinada situação, basta que o consumidor demonstre que lhe foram exigidos valores manifestamente excessivos para que reste caracterizada a prática abusiva. De outro, a necessidade ou inexperiência agravada dos consumidores serve de auxílio para determinar o que, no caso concreto, pode-se considerar vantagem manifestamente excessiva.

## Outras práticas abusivas

### Recusar atendimento ao consumidor

O CDC proíbe algumas práticas comerciais reputadas por abusivas. Segundo o art. 39,

> é vedado ao fornecedor de produtos ou serviços, dentre outras práticas abusivas: [...]
> II - recusar atendimento às demandas dos consumidores, na exata medida de suas disponibilidades de estoque, e, ainda, de conformidade com os usos e costumes; [...]
> IX - recusar a venda de bens ou a prestação de serviços, diretamente a quem se disponha a adquiri-los mediante pronto pagamento, ressalvados os casos de intermediação regulados em leis especiais.

Bruno Bodart (2017:133) critica duramente essas previsões. Ele as reputa "absolutamente incompatíveis com uma República que se diz fundamentada na livre iniciativa (art. 1º, IV, da Constituição), relativizando temerariamente o direito de propriedade privada e a liberdade de configuração empresarial". Afirma que essas regras parecem transpostas de "regimes de planificação da economia, como o venezuelano", onde "a intervenção sufocante do governo no setor econômico causou escassez". Defende que "em um livre mercado, recusa de fornecimento não deve ser preocupação nem para o governo, nem para o consumidor, que pode muito bem dirigir-se ao concorrente e obter produto ou serviço análogo, salvo se impedido por restrições criadas pelo Estado". Enfim, "o não atendimento às demandas dos clientes, nesse cenário, atormentará apenas o empresário, titular dos prejuízos que a sua própria inércia possa causar".

Essas críticas são excessivas. Em primeiro lugar, é desconsiderada uma finalidade essencial e comum às duas referidas previsões: a vedação da discriminação dos consumidores. O ponto de partida dos dispositivos é o princípio da igualdade aplicado às relações de consumo, e a regra maior a que eles dão expressão é a de que o fornecedor não pode selecionar arbitrariamente os consumidores, atendendo a uns e negando injustificadamente atendimentos aos demais.

Tratando do art. 39, II, do CDC, Sylvio Capanema de Souza (2018:137) afirma que "o objetivo da norma é impedir a discriminação entre consumidores. Sendo assim, não pode o fornecedor limitar a venda, a um consumidor, em razão de seu estoque, se ainda dispõe do produto". Acerca do art. 39, IX, do CDC, Souza reconhece o mesmo princípio orientador: "A ideia básica, a se preservar, é a do livre mercado, em que se abre a todos [os consumidores] a possibilidade de adquirir bens e serviços, sem qualquer discriminação". E conclui: "Também se vislumbra, nesta regra, o respeito ao princípio da igualdade, para que não se crie uma 'casta' privilegiada de consumidores, em detrimento dos demais".

Além disso, não é inteiramente correta a percepção de que a recusa de atendimento é inofensiva para o consumidor, incapaz de criar-lhe embaraços, podendo ele simplesmente dirigir-se à concorrência e adquirir produto ou serviço análogo. Em algumas situações pode ser assim, mas esse não é necessariamente o desfecho da negativa de atendimento. Há diversos motivos que podem levar um consumidor a procurar determinado estabelecimento: por ser o mais próximo da sua residência, por ser o que, no seu entender, presta o melhor serviço etc. A recusa de atendimento por parte do fornecedor eleito pelo consumidor pode gerar então para este custos e inconvenientes adicionais, com os quais ele não estava contando e que não são dele exigíveis, como ter de pesquisar pela existência de outros fornecedores, dirigir-se a estabelecimento mais longe da sua residência ou aceitar fornecimento de produto ou serviço que ele considere ser de pior qualidade.

## Venda casada

O CDC prevê que "é vedado ao fornecedor de produtos ou serviços [...] condicionar o fornecimento de produto ou de serviço ao fornecimento de outro produto ou serviço" (art. 39, I). Tal previsão, que proíbe a prática comumente chamada de "venda casada", sofre críticas baseadas na AED. Segundo Bruno Bodart (2017:134), "a configuração do modelo de vendas é um importante elemento da empresa". A oferta de um bem juntamente com outro pode ser uma forma de familiarizar os consumidores com o novo produto do fornecedor ou de um parceiro comercial. Se o formato for mal recebido pelo mercado, as desvantagens recairão apenas sobre o próprio fornecedor, como a perda de consumidores e de receita. Mas se for bem-sucedido, em um cenário em que há ampla concorrência, é porque os clientes gostaram. Segundo Bodart, é assim que funciona um mercado orientado pela livre iniciativa e que "a arbitrariedade ocorre quando alguém pretende a venda forçosa, da forma que desejar, de um bem produzido e titularizado por outra pessoa".

Bodart (2017:134) ilustra essa argumentação com o caso de um consumidor que ajuizou ação contra o McDonald's, exigindo a venda em separado do brinquedo que era entregue como "brinde" na compra do "McLanche Feliz". Afirma que a prática não lesaria a dignidade dos consumidores, uma vez que eles teriam a liberdade para comprar a mais ampla variedade de brinquedos em lojas especializadas. A sociedade, por sua vez, saiu prejudicada, pois teve de arcar com os custos de uma ação judicial que resultou na condenação ao pagamento de um real em danos morais.

Algumas observações se fazem necessárias. O autor apresenta a "venda casada" como uma prática motivada apenas por interesses nobres ou legítimos, como o de divulgação de um novo produto ou marca, próprio ou de parceiro comercial. Acontece que esse não é necessariamente o caso. Pelo contrário, muitas vezes, os fornecedores utilizam-se da "venda casada" como uma forma de dar vazão a produtos que estão "encalhados" ou que, sabidamente, têm menor vazão no mercado, aumentando assim "seu lucro ou, pelo menos, reduzindo o prejuízo". Sylvio Capanema de Souza (2018:120) cita o clássico exemplo "do pequeno comerciante que, para comprar uma quantidade maior de cerveja, diante da aproximação do Carnaval, se vê obrigado a adquirir outro produto de pouca aceitação no local em que exerce o seu comércio".

Outro ponto criticável é a afirmação de que, caso a prática não seja bem aceita pelos consumidores, os fornecedores seriam os únicos prejudicados. Essa é uma percepção que desconsidera o desequilíbrio de forças entre fornecedor e consumidor e o fato de que o consumidor muitas vezes acaba se submetendo à "venda casada" apenas para poder obter o produto que deseja. Na realidade, a "venda casada" é prática que envolve, "necessariamente, ofensa à liberdade de escolha do consumidor" (Miragem, 2020:395). E este é o ponto relevante da questão: a tutela da liberdade contratual do consumidor.

Bodart destaca que a vedação da prática da "venda casada" representa restrição à livre iniciativa e à liberdade contratual do fornecedor. Isso é verdade. Agora, não concordamos quando ele reputa a restrição arbitrária. Não o é, porque é fundamentada na tutela de outro direito fundamental e a restrição é proporcional. Trata-se de restrição à liberdade negocial do fornecedor para salvaguardar a liberdade negocial do consumidor que, do contrário, restaria restringida pelo maior poder de barganha do fornecedor.

O exemplo do McDonald's ilustra bem isso. Muitas vezes, os consumidores se viam "obrigados" a adquirir um "McLanche Feliz" para obter o brinquedo que o acompanhava. O caso tem um agravante, que é o fato de os brinquedos serem chamariz para as crianças, pessoas mais vulneráveis a esse tipo de estratégia de estímulo ao consumo. A imposição de que o McDonald's disponibilize os brinquedos para venda em separado é exatamente para garantir que isso não ocorra: se o consumidor quiser o "McLanche Feliz" e o brinquedo, ele tem toda a liberdade de adquirir ambos, mas se ele quiser apenas um deles, também poderá adquiri-los separadamente. Além disso, também não convence o argumento de que os consumidores não seriam prejudicados pelo fato de eles terem acesso a uma infinidade de brinquedos em lojas especializadas, uma vez que são exclusivos os brinquedos que acompanham o "McLanche Feliz".

Bruno Bodart (2017:135) apresenta outro argumento em favor da "venda casada". Ele defende que a prática "pode ser uma forma de beneficiar consumidores de renda mais baixa pelo subsídio cruzado daqueles de classe superior". Isso ocorreria, por exemplo, no caso de cinemas, estádios e casas de *shows* que autorizavam o ingresso em suas salas de espectadores com comida e bebida apenas se os itens alimentícios tivessem sido adquiridos na lanchonete do próprio estabelecimento. Segundo Bodart, a vedação dessa prática, em vez de auxiliar, na verdade lesaria os consumidores mais pobres. Isto porque "a receita decorrente dessas vendas acessórias se destina a cobrir os custos fixos da atividade, permitindo a cobrança de ingressos mais baratos em razão desse financiamento adicional". Comprando o lanche nas dependências do cinema, estádio ou casa de *shows*, o consumidor mais abastado subsidiaria o ingresso do consumidor mais humilde, que não conseguiria ir assistir ao espetáculo se o valor da entrada fosse mais elevado. Conclui Bodart, então, que "nada disso é possível com a proibição paternalista do ingresso de produtos externos".

Essa argumentação está sujeita a crítica. Em primeiro lugar, é questionável se a permissão de "venda casada" acarreta, de fato, o referido subsídio cruzado. Não dá para afirmar que ele ocorre necessariamente. O fato de o fornecedor ter seus custos fixos parcialmente cobertos por uma atividade comercial acessória representa, em princípio, uma majoração da sua margem de lucro e não significa que ele estaria necessariamente redirecionando essa renda para baratear o preço de entrada. Outras condicionantes, como a concorrência, teriam de estar presentes para "forçar" o fornecedor a repassar esses valores aos consumidores em forma de barateamento do preço da entrada.

Outro ponto é que, partindo da premissa de que o referido subsídio cruzado de fato ocorra, a proibição de "venda casada" não o obstaria. A vedação da prática só aumenta a liberdade dos consumidores e não a restringe. O espectador com mais recursos continua podendo comprar o lanche no próprio estabelecimento em que verá o espetáculo. E em se tratando de consumidor abastado, ele provavelmente continuará fazendo isso, pois, apesar de ser opção normalmente mais cara, é geralmente a mais cômoda. Apesar da vedação da prática da "venda casada", continuaria sendo possível haver o referido subsídio cruzado dos consumidores mais ricos em relação aos mais pobres.

Há, todavia, outro argumento que advoga em favor da autorização deste tipo de "venda casada": os custos com limpeza. O consumo de comida e bebida nos ambientes de espetáculos aumenta a necessidade de limpeza, o que eleva os custos do fornecedor. Se os consumidores que consomem alimentos nas casas de espetáculos adquiriram o produto no próprio estabelecimento, é possível embutir esse custo da limpeza adicional no valor do lanche. Mas sendo permitido que os espectadores tragam alimentos de fora, não há como repassar os custos associados ao incremento da limpeza apenas para os consumidores que se alimentarem durante o espetáculo. Nesse cenário, o fornecedor será obrigado a repassar o custo adicional de limpeza para o valor dos ingressos, o que afetará a todos os consumidores. Nesse caso, haverá outro subsídio cruzado: os espectadores que não consomem alimentos estarão suportando parte dos custos adicionais de limpeza gerados pelos consumidores que consomem alimentos.

## Limites quantitativos

O art. 39, I, do CDC prevê que "é vedado ao fornecedor de produtos ou serviços, dentre outras práticas abusivas: I - condicionar o fornecimento de produto ou de serviço [...], sem justa causa, a limites quantitativos".

Em crítica a esse dispositivo, Bruno Bodart parte de um caso real em que um deputado federal foi a um supermercado, acompanhado de cinegrafista e, com um exemplar do CDC em mãos, exigiu da funcionária do caixa que lhe fosse ofertada a compra individual de produtos que estavam em pacotes com várias unidades, entre eles um rolo de papel higiênico, um papel-toalha e uma caixa de fósforos. Diante da negativa dos funcionários, o deputado chegou a rasgar os pacotes e a chamar a polícia para forçar os funcionários a atendê-lo.

Analisando o caso, Bodart (2017:134) conclui que, de acordo com o art. 39, I, do CDC, os fornecedores estariam obrigados a disponibilizar aos consumidores a possibilidade de adquirir unidades isoladas de todos os produtos ofertados: "um caroço de feijão fora do pacote, um fio de algodão separado da roupa, um transistor destacado de aparelhos eletrônicos. Não há limites legais para a imaginação do que pode ser exigido de um comerciante".

Apesar de uma norma como essa já ser intuitivamente irrazoável e inconveniente, Bruno Bodart (2017:134) esclarece didaticamente as dificuldades econômicas dela decorrentes: a oferta de

> produtos a granel, em quantidades fracionárias ínfimas, demanda uma logística de cadastramento, controle, acondicionamento, exposição, fiscalização e cumprimento de burocracias governamentais, cujos custos podem não se justificar em razão da baixa demanda.

O autor prevê ainda que

> a tendência é o surgimento de estabelecimentos dedicados a suprir as vontades desses poucos consumidores que desejam comprar ínfimas quantidades ou itens destacados, cobrando o preço correspondente à estrutura necessária para tanto, [mas] em grandes redes, cuja competição não permite o luxo de sustentar estruturas desnecessárias, isso não faria sentido. Do contrário, todos os consumidores pagarão mais caro [Bodart, 2017:134].

No exame dessa posição, é necessário primeiramente infirmar a legitimidade do caso de partida. O midiático evento envolvendo o deputado federal precisa ser encarado como um abuso, pois o art. 39, I, do CDC não autorizava o deputado a proceder como procedeu. Mesmo que ele tivesse se baseado apenas em uma simples leitura do dispositivo, a ressalva legal de que são permitidos limites quantitativos com "justa causa" deveria ter levantado dúvidas no deputado em relação ao acerto do seu comportamento.

Em se tratando de condicionamentos a limites mínimos, consumeristas defendem que configura "justa causa" a situação de produtos industrializados que seguem padrões tradicionalmente praticados e aceitos no mercado. Ilustram a hipótese com os exemplos de sal, farinha e outros cereais comercializados em pacotes de 500g. Reconhecem, inclusive, que a venda a granel é cada vez mais excepcional (Nunes, 2019:606; Tartuce e Neves, 2020:402-403).

Outra hipótese aceita como de "justa causa" são as promoções ou liquidações que envolvem a compra de uma quantidade maior de produtos por um preço mais baixo do que a soma do valor unitário original, como é o caso das promoções do tipo "pague dois e leve três". Desde que os consumidores tenham também a opção de comprar unidades avulsas do produto, mesmo que naturalmente a preços mais altos do que os promocionais, a prática não é tida como abusiva (Nunes, 2019:606; Tartuce e Neves, 2020:402-403; Souza, 2018:136).

Nota-se, portanto, que a própria norma oferece uma ressalva, uma "barreira" expressa para conter abusos e excessos dos consumidores. Por conta disso, conclui-se pela improcedência da crítica de que o art. 39, I, do CDC obrigaria os fornecedores a disponibilizar aos consumidores a possibilidade de adquirir unidades isoladas de todos os produtos ofertados. Apesar disso, é possível considerar que os instrumentos da AED podem auxiliar no preenchimento do conceito indeterminado da "justa causa". Por exemplo, a demonstração de que determinado produto é economicamente inviável se vendido individualmente poderá configurar a justa causa necessária para que o fornecedor possa condicionar o fornecimento a quantidades mínimas.

## Conclusão

Neste capítulo, partiu-se da proposta de estabelecer um diálogo entre a AED e o direito do consumidor. Como resultado, percebeu-se que, de um lado, a AED apresenta instrumental que contribui em muito para o aperfeiçoamento de normas do direito do consumidor. Por outro, notaram-se exageros e incorreções nas críticas e sugestões formuladas por adeptos da AED a dispositivos do CDC. Nada obstante, o ponto fundamental é o fomento dessa frutífera interação.

Uma primeira contribuição da AED é em relação ao art. 51, XII, do CDC. Parte da doutrina consumerista tradicional critica esse dispositivo. Afirma que os custos de cobrança do consumidor inadimplente são inerentes à atividade do fornecedor, devendo ser considerada abusiva a cláusula que obrigue o consumidor a ressarcir o fornecedor por esses custos. Esse argumento é criticável, porque desconsidera que, se o fornecedor não puder exigir do consumidor inadimplente os custos de cobrança pela sua inexecução, esses custos serão repassados para os preços do produto e suportados por todos os consumidores. Aqui vale a comum advertência dos adeptos da AED de que toda previsão contratual favorável a um consumidor implica custo que, se não for devidamente direcionado, acabará sendo repassado para os consumidores em geral.

Em relação à intepretação contratual, por outro lado, percebeu-se certo exagero por parte das críticas dos adeptos da AED. O CDC prevê que "as cláusulas contratuais serão interpretadas de maneira mais favorável ao consumidor" (art. 47). Objetou-se que esse dispositivo levaria os contratos a serem excessivamente longos e técnicos, em detrimento da compreensão do consumidor. O CDC contém, todavia, limites normativos que vedam contratos longos demais e com linguagem excessivamente técnica (arts. 46 e 54, § 3º). Além disso, a norma é necessária e de qualidade: em qualquer contrato, é sempre possível surgirem dúvidas de interpretação e faz todo sentido que, nesses casos, seja dada preferência à interpretação mais favorável ao consumidor.

Em relação ao direito de arrependimento ou prazo de reflexão, a AED afirma que essa medida só se justifica em caso de ineficiência, o que pode ocorrer em três situações: instabilidade das preferências dos consumidores, situações de monopólio situacional e assimetria informacional. A essa luz, algumas observações podem ser feitas ao art. 49 do CDC. Em primeiro lugar, o prazo fixo de sete dias pode ser longo demais para situações envolvendo produtos ou serviços com características tangíveis e facilmente inspecionáveis, como é o caso de vestuário, papelaria para escritório e móveis para casa. Ou pode ser curto demais, para situações envolvendo produtos ou serviços difíceis de avaliar mesmo depois de adquiridos e experimentados, como serviços de contador, serviços jurídicos, diagnóstico ou tratamento médico ou estético. A concessão de prazos de reflexão também gera custos substanciais que são repassados para os consumidores, de maneira que é questionável se a medida gera mais benefícios do que custos. Em vez de impor a concessão desse direito a todos os consumidores que contratem fora do estabelecimento comercial, uma solução melhor seria impor aos fornecedores que, no ato de contratação, concedam aos consumidores a opção de aquisição onerosa do prazo de reflexão. Assim só pagariam por esse direito os consumidores nele efetivamente interessados.

Em relação a controle de preços, há concordância em parte com as críticas dos adeptos da AED. Em relação ao art. 39, X, do CDC, caso interpretado e aplicado na sua literalidade, o dispositivo seria de fato inconstitucional. Para evitar esse desfecho, defendemos uma intepretação inovadora, segundo a qual a previsão veda a discriminação de preços sem justa causa. Em relação ao art. 39, V, do CDC, as críticas são improcedentes.

Esse dispositivo não "controla" propriamente os preços. Ele, na verdade, tutela a liberdade negocial das partes, vedando que uma pessoa, em situação de necessidade ou inexperiência, obrigue-se a prestação manifestamente excessiva. A necessidade e inexperiência não estão expressamente previstas como requisitos, pois são presumidas em relações de consumo.

A vedação da prática de recusar atendimento ao consumidor (art. 39, II e IX, do CDC) é compatível com a livre iniciativa (art. 1º, IV, da CF/1988). As referidas normas representam aplicação do princípio da igualdade às relações de consumo e exprimem a proibição de o fornecedor discriminar os consumidores, selecionando arbitrariamente aqueles que quer e aqueles que não quer atender.

A vedação da prática de "venda casada" (art. 39, I, do CDC) é constitucional. Trata-se de proibição que, de fato, restringe a livre iniciativa (art. 1º, IV, da CF/1988) do fornecedor, mas não a viola, pois a restrição é baseada na tutela da liberdade negocial dos consumidores e é proporcional. Por fim, também é constitucional a vedação da prática de condicionar, sem justa causa, o fornecimento de produtos ou serviços a quantidades mínimas (art. 39, I, do CDC). Essa vedação não autoriza os consumidores a agirem abusivamente, exigindo a compra de um grão de arroz ou de feijão. A ressalva da "justa causa" permite que se busque um equilíbrio na aplicação da norma, busca essa para a qual a AED tem muito a contribuir.

## Referências

BARROSO, Luís Roberto. A ordem econômica constitucional e os limites à atuação estatal no controle de preços. *Revista de Direito Administrativo*, Rio de Janeiro, v. 226, p. 208, out./dez. 2001.

BODART, Bruno. Uma análise econômica do direito do consumidor: como leis consumeristas prejudicam os mais pobres sem beneficiar consumidores. *Economic Analysis of Law Review*, v. 8, n. 1, p. 114-142, jan./jun. 2017.

BRASIL. Lei nº 1.521, de 26 de dezembro de 1951. Altera dispositivos da legislação vigente sobre crimes contra a economia popular. *Diário Oficial da União*, Casa Civil, Rio de Janeiro, 27 dez. 1951.

______. Constituição da República Federativa do Brasil de 1988. *Diário Oficial [da] República Federativa do Brasil*, Casa Civil, Brasília, DF, 5 out. 1988.

______. Lei nº 8.078, de 11 de setembro de 1990. Dispõe sobre a proteção do consumidor e dá outras providências. *Diário Oficial da União*, Casa Civil, Brasília, DF, 2 set. 1990. (Retificada em 17 jan. 2007).

______. Lei nº 10.406, de 10 de janeiro de 2002. Institui o Código Civil. *Diário Oficial da União*, Casa Civil, Brasília, DF, 11 jan. 2002

______. Lei nº 10.962, de 11 de outubro de 2004. Dispõe sobre a oferta e as formas de afixação de preços de produtos e serviços para o consumidor. *Diário Oficial da União*, Casa Civil, Brasília, DF, 13 out. 2004.

______. Lei nº 13.455, de 26 de junho de 2017. Dispõe sobre a diferenciação de preços de bens e serviços oferecidos ao público em função do prazo ou do instrumento de pagamento utilizado, e altera a Lei nº 10.962, de 11 de outubro de 2004. *Diário Oficial da União*, Secretaria-Geral, Brasília, DF, 27 jun. 2017.

COMPARATO, Fábio Konder. Regime constitucional do controle de preços no mercado. *Revista de Direito Público*, ano 24, n. 97, p. 18-19, jan./mar. 1991.

DIAS, Daniel; NOGUEIRA, Rafaela; QUIRINO, Carina de Castro. Vedação à discriminação de preços sem justa causa: uma interpretação constitucional e útil do art. 39, X, CDC. *Revista de Direito do Consumidor*, v. 121, p. 51-97, 2019.

FERRAZ JR., Tercio Sampaio. *Interpretação e estudos da Constituição de 1988*. São Paulo: Atlas, 1990.

HAUPT, Stefan. An economic analysis of consumer protection in contract law. *German Law Journal*, v. 4, n. 11, p. 1137-1164, 2003.

KHOURI, Paulo R. Roque A. *Direito do consumidor*: contratos, responsabilidade civil e defesa do consumidor em juízo. 7. ed. São Paulo: Atlas, 2021.

LOPES, Maristela Santos de Araújo. *A atuação do Estado sobre o domínio econômico e o princípio da livre iniciativa como fundamento da república e da ordem econômica em um estado democrático de direito*. Rio de Janeiro: Lumen Juris, 2015.

MIRAGEM, Bruno. *Curso de direito do consumidor*. 8. ed. São Paulo: RT, 2020.

NUNES, Rizzatto. *Curso de direito do consumidor*. 13. ed. São Paulo: Saraiva, 2019.

PORTO, Antônio; GAROUPA, Nuno. *Curso de análise econômica do direito*. São Paulo: Atlas, 2020.

______; KLOH, Gustavo; FRANCO, Paulo. Por uma análise também econômica do art. 157 do Código Civil brasileiro. *Revista de Direito Civil Contemporâneo*, 2021, no prelo.

POSNER, Richard. *Economic analysis of law*. 9. ed. Nova York: Aspen, 2014.

SCOTON, Luis Eduardo Brito. Análise econômica do direito do consumidor: o Código de Defesa do Consumidor como norma corretiva no ordenamento jurídico brasileiro. *Revista da Associação Mineira de Direito e Economia*, v. 5, 2011. Disponível em: <www.revista.amde.org.br/index.php/ramde/article/view/127>. Acesso em: 7 jan. 2021.

SHAVELL, Steven. *Foundations of economic analysis of law*. Londres: Belknap, 2004.

SOUZA, Sylvio Capanema de. Das práticas comerciais. In: ______; VASI WERNER, José Guilherme; NEVES, Thiago Ferreira Cardoso. *Direito do consumidor*. Rio de Janeiro: Forense, 2018. cap. 7.

TARTUCE, Flávio; NEVES, Daniel. *Manual de direito do consumidor*: direito material e processual. 9. ed. Rio de Janeiro: Forense; São Paulo: Método, 2020.

TIMM, Luciano Benetti (Coord.). *Direito e economia no Brasil*: estudos sobre a análise econômica do direito. 4. ed. São Paulo: Foco, 2021.

______; MENEGUIN, Fernando. Direito e economia desmistificado III: o caso do consumidor. Como pode o direito do consumidor se beneficiar do ferramental teórico da AED? *Jota*, 2019. Disponível em: <www.jota.info/opiniao-e-analise/colunas/coluna-da-abde/direito-e-economia-desmistificado-iii-o-caso-do-consumidor-10052019>. Acesso em: 7 jan. 2021.

VASI WERNER, José Guilherme. Da proteção contratual. In: SOUZA, Sylvio Capanema de; VASI WERNER, José Guilherme; NEVES, Thiago Ferreira Cardoso. *Direito do consumidor*. Rio de Janeiro: Forense, 2018. cap. 8.

CAPÍTULO 2

# Aspectos econômicos da propriedade intelectual e justificativas de sua proteção

*Sérgio Branco*

## Introdução

A propriedade intelectual vem enfrentando diversos desafios regulatórios e econômicos nas últimas décadas. Como o objetivo principal desse ramo jurídico é proteger obras imateriais, o surgimento da cultura digital, que facilita a cópia e a circulação não autorizada de bens, impôs a necessidade de rever a teoria e os modelos de negócio a ela associados.

Ao contrário de outros ramos jurídicos, como o direito de propriedade e dos contratos, que são discutidos há séculos, a propriedade intelectual como a concebemos atualmente foi forjada no final do século XIX. Além de historicamente recente, a propriedade intelectual sofre grande impacto diante dos avanços tecnológicos – como o que vimos experimentando nas últimas décadas.

Este capítulo tem por objetivo apresentar os principais institutos da propriedade intelectual a partir da conexão entre seus elementos jurídicos e econômicos. Não foi escrito por economista nem para economistas, mas para pessoas interessadas na análise de questões socioeconômicas relacionadas à proteção jurídica desses bens.

O ponto central de discussão da propriedade intelectual é, justamente, se ela é um instrumento fundamental para estimular a criação de bens imateriais. Durante a maior parte da história da humanidade, as criações intelectuais, quer artísticas, quer tecnológicas, não contavam com qualquer tipo de proteção, sendo incorporadas imediatamente ao acervo do conhecimento humano.

Porém, a partir da Idade Moderna, e especialmente após a Revolução Industrial do século XIX, passou-se a defender a proteção legal de obras artísticas e científicas como mecanismo de incentivo à criação. A tensão existente nos debates sobre propriedade intelectual reside, em primeiro lugar, na análise do papel do mercado e da necessidade de regulação estatal.

De um lado, entende-se que o mercado sozinho não seria capaz de regular adequadamente a proteção de bens imateriais por causa da não escassez e da não rivalidade que os caracterizam. Por conta de tais características, haveria dispersão imediata das criações intelectuais uma vez que estivessem disponíveis, dificultando sua proteção e, consequentemente, a recuperação do investimento econômico.

Podemos argumentar exemplificativamente que, por vezes, o desenvolvimento de uma patente consome recursos elevados, e em tais casos a propriedade intelectual seria um instrumento legal necessário para estimular e proteger inovações. Caso contrário, investimentos em pesquisa e desenvolvimento restariam incertos e a cópia (não a inovação) seria estimulada. Sair na frente seria uma desvantagem, não um ativo a ser perseguido.

Em sentido contrário, contudo, seria possível alegar que a criação independe da proteção. Foi assim durante a maior parte do tempo, sendo a proteção historicamente recente. Muitas são as situações em que, ainda hoje, a criação se dá independentemente da proteção, tanto por vocação para desenvolver bens públicos quanto, por hipótese, pela remuneração proveniente de outros meios que não o mercado. Como se percebe, o cerne do debate acerca da propriedade intelectual tem base econômica, sendo seus fundamentos jurídicos consequência dessa análise.

A fim de entendemos como essa tensão se estrutura e quais os elementos necessários à sua compreensão, começamos este capítulo pelo exame do conteúdo da propriedade intelectual, que é tradicionalmente dividida entre direitos autorais, propriedade industrial e demais direitos. É fundamental indicarmos quais as distinções entre os bens protegidos pela propriedade física e aqueles protegidos pela propriedade intelectual, pois dessas diferenças surgem os elementos econômicos mais relevantes a serem enfrentados. A propósito, a natureza jurídica da propriedade intelectual – se propriedade ou monopólio – é também relevante para sua análise econômica.

A seguir, abordamos as características dos bens sujeitos à propriedade intelectual, como não escassez e não rivalidade, e seus efeitos no mercado. Toda a justificativa da proteção da propriedade intelectual, independentemente da corrente a que possamos nos filiar, decorre da falta de escassez intrínseca a tais bens.

Uma vez determinadas as razões que hoje justificam a proteção da propriedade intelectual, demonstramos por que, por outro lado, essa proteção precisa ser temporária. Ao contrário da propriedade material, que tende à perpetuidade, a propriedade intelectual precisa seguir regra distinta, sendo o ingresso em domínio público o destino inevitável de quase todos os bens imateriais protegidos.

A seguir, discutimos os dilemas impostos pela contemporaneidade, associados ao desenvolvimento tecnológico e à cultura digital. Se por mais de 100 anos as regras de propriedade intelectual funcionaram baseadas na ideia de escassez das cópias, uma vez que originais e cópias se confundem no mundo atual, outros modelos de negócio se mostram necessários.

Finalmente, abordamos a promessa de um futuro que podemos entrever pela escassez artificial permitida pela tecnologia *blockchain*.

É claro que uma análise econômica da propriedade intelectual pode seguir muitos caminhos e propor múltiplas perspectivas. A deste texto tenta alinhar as teorias que justificam a proteção da propriedade intelectual com suas razões de fato e as mudanças impostas pelo avanço tecnológico. O que pretendemos demonstrar é que muitos dos problemas associados à propriedade intelectual no mundo contemporâneo são de fundo econômico, não apenas jurídico. Se é necessário ajustar as leis à conformação atual do mundo, o mesmo pode se dizer de modelos de negócio vigentes.

## Propriedade intelectual

Sob a denominação *propriedade intelectual* podemos agrupar uma série de institutos que têm em comum a imaterialidade dos bens que objetivam proteger. Podemos dividir a propriedade intelectual em três grandes grupos de interesses, conforme a figura 1.

O primeiro é aquele dedicado aos *direitos autorais*, regulados no Brasil pela Lei nº 9.610/1998 (Lei de Direitos Autorais, doravante LDA). Os direitos autorais abrangem duas espécies (os direitos de autor e os direitos conexos) e se destinam à proteção de obras de natureza estética. Assim, são protegidos, entre outros, textos, filmes, fotografias, músicas, obras audiovisuais, obras de artes plásticas etc. Vejamos em que consistem os dois ramos que compõem os direitos autorais.

**Figura 1**
**Ramos da propriedade intelectual**

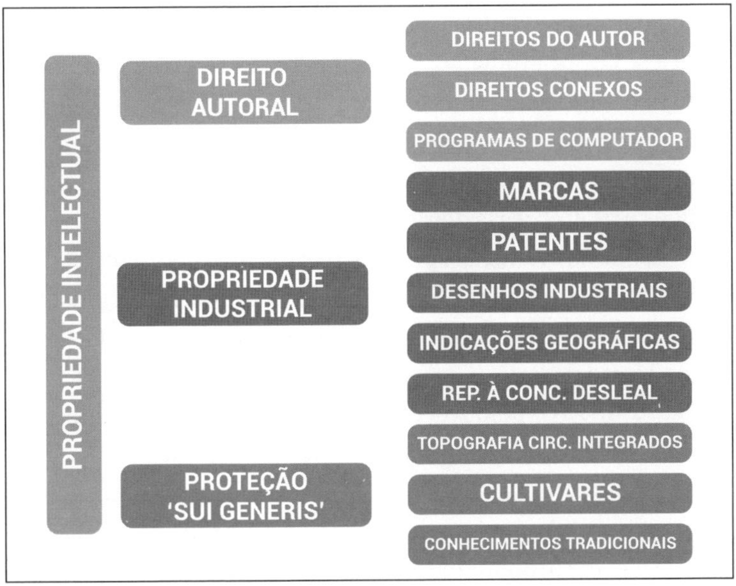


Fonte: <https://inova.cps.sp.gov.br/propriedade-intelectual/>. Acesso em: 17 abr. 2021.

Direitos de autor se referem ao criador de obra literária, artística ou científica, sendo sempre uma pessoa física, por exigência legal. Também no ramo do direito autoral se encontram protegidos os programas de computador. Embora não tenham uma finalidade estética, estão incluídos no art. 7º da LDA, onde encontramos uma lista exemplificativa das obras protegidas por direitos autorais. Além disso, em sua própria lei (Lei nº 9.609/1998), encontra-se expresso, no art. 2º, que "o regime de proteção à propriedade intelectual de programa de computador é o conferido às obras literárias pela legislação de direitos autorais e conexos".

Direitos conexos são aqueles que estão próximos ao direito do autor, sem que com ele se confundam. Por exemplo, são direitos conexos os detidos por artistas intérpretes ou executantes.

Uma cantora, que não seja autora da música que interpreta, terá direitos conexos, mas não direitos de autor. Sua interpretação é protegida porque há uma criação intelectual, uma contribuição artística à obra alheia. O mesmo ocorre com os executantes – músicos que executam obra de terceiro. Mas nem todos os titulares de direitos conexos têm atribuições que podem ser qualificadas como criativas. É assim com os produtores fonográficos e as empresas de radiodifusão.

O segundo grande grupo de bens protegidos por propriedade intelectual é o que identificamos como propriedade industrial, protegida em âmbito internacional, especialmente pela Convenção da União de Paris (CUP, internalizada no Brasil pelo Decreto nº 75.572/1975) e pelo Agreement on Trade-Related Aspects of Intellectual Property Rights (Acordo TRIPs, internalizado no Brasil pelo Decreto nº 1.355/1994), que também trata de direitos autorais e integra a série de acordos no âmbito da criação da Organização Mundial do Comércio (OMC).

Além disso, no Brasil, a propriedade industrial é protegida pela Lei nº 9.279/1996 (Lei de Propriedade Industrial, doravante LPI). Ao contrário dos direitos autorais, que se relacionam à criação artística, à cultura e ao entretenimento, a propriedade industrial tem por objetivo a proteção de obras utilitárias e técnicas.

Logo em seu art. 2º, a LPI identifica que interesses são tutelados: "I - concessão de patentes de invenção e de modelo de utilidade; II - concessão de registro de desenho industrial; III - concessão de registro de marca; IV - repressão às falsas indicações geográficas; e V - repressão à concorrência desleal". Vejamos, em síntese, o que caracteriza cada um dos institutos protegidos pela LPI.

*Patentes de invenção e de modelo de utilidade.* A patente é um direito que dá a seu titular a exclusividade de exploração de uma tecnologia.

> Como contrapartida pelo acesso do público ao conhecimento dos pontos essenciais do invento, a lei dá ao titular da patente um direito limitado no tempo, no pressuposto de que é socialmente mais produtiva em tais condições a troca da exclusividade de fato (a do segredo da tecnologia) pela exclusividade temporária de direito [Barbosa, 2003:335].

Para ser patenteável, a invenção precisa ter as seguintes características: novidade, atividade inventiva e aplicação industrial. Significa dizer que a invenção tem de ser nova no mundo todo, não pode ser óbvia para um técnico no assunto e precisa ser passível de ser utilizada ou produzida em qualquer tipo de indústria. Além disso, não pode estar compreendida nas proibições legais (arts. 10 e 18 da LPI).

*Desenhos industriais.* O art. 95 da LPI define desenho industrial como "a forma plástica ornamental de um objeto ou o conjunto ornamental de linhas e cores que possa ser aplicado a um produto, proporcionando resultado visual novo e original na sua configuração externa e que possa servir de tipo de fabricação industrial". Embora o desenho industrial conte com um aspecto estético (já que diz respeito à forma plástica ou ornamental), prevalece aqui sua aplicação industrial, afastando o desenho industrial dos direitos autorais, ainda que proteção dúplice (por direitos autorais e propriedade industrial) seja muitas vezes aceita, desde que seus respectivos requisitos para proteção estejam presentes.

*Marcas.* Marcas são signos distintivos que servem para identificar produtos e serviços. Todos nós temos uma percepção bastante clara da utilidade das marcas. Marcas servem para indicar qualidade e características dos produtos e serviços que identificam, *status* ("compro esta marca de cosmético porque ela não faz testes em animais" ou "uso esta marca de aparelhos eletrônicos porque eu os considero sofisticados") e responsabilidade de quem colocou em circulação determinado produto ou serviço. Como as marcas estão divididas em 45 categorias distintas, é possível que a mesma marca seja detida por mais de um titular sem que isso possa caracterizar prejuízo aos consumidores ou vantagem indevida a terceiro. Por exemplo, não há risco de confusão entre a revista *Veja* e o produto de limpeza Veja, entre o hotel Diplomata e o chocolate Diplomata, entre o jornal *O Globo* e o biscoito Globo. Exceção a esse princípio são as marcas de alto renome, tão conhecidas que "bloqueiam" as 45 classes de modo a impedir que haja registro de marca idêntica ou semelhante por parte de terceiro. São exemplos de marca de alto renome no Brasil: YouTube, WhatsApp, Embratel, Danoninho, Kibon, Google, Paçoquita, entre muitas outras.

*Indicação geográfica*. Guardando semelhança com a finalidade das marcas, as indicações geográficas têm por objetivo identificar a origem de determinado produto ou serviço, quer em razão da notoriedade "como centro de extração, produção ou fabricação de determinado produto ou de prestação de determinado serviço" (art. 178 da LPI) ou por conta de "qualidades ou características [que] se devam exclusiva ou essencialmente ao meio geográfico, incluídos fatores naturais e humanos" (art. 177 da LPI). São exemplos de indicações geográficas brasileiras "Canastra" (para queijo), "Franca" (para calçados), "Goiabeiras" (para panelas de barro). Algumas indicações geográficas estrangeiras registradas no Brasil são "Champagne" (para vinho espumante), "Roquefort" (para queijo) e "Tequila" (para destilado).

*Repressão à concorrência desleal*. A livre concorrência é um dos princípios que norteiam a atividade econômica brasileira, estando prevista no art. 170 da Constituição Federal de 1988.[1]

[1] CF: "Art. 170. A ordem econômica, fundada na valorização do trabalho humano e na livre iniciativa, tem por fim assegurar a todos existência digna, conforme os ditames da justiça social, observados os seguintes princípios: [...] IV - livre concorrência; [...]".

Contudo, a concorrência precisa ser exercida de modo lícito e ético. Por isso, a LPI define condutas consideradas práticas desleais de concorrência e que, por isso, precisam ser reprimidas. Entre elas, por exemplo, estão aquelas que violam segredos de indústria, comércio ou negócio (já que os segredos não são protegidos por regras autônomas na LPI, mas por via da concorrência desleal). Embora tipificada como crime, a concorrência desleal acarreta prejuízos econômicos que podem também ser reparados na ordem civil.[2]

Como se percebe desta breve explanação, os bens protegidos no âmbito da propriedade industrial não se assemelham àqueles tutelados pelos direitos autorais porque naqueles prevalece o aspecto técnico, utilitário, industrial, não o aspecto estético das criações. Embora seja desejável que marcas pareçam visualmente agradáveis aos olhos de seus consumidores, sua função primária não é ornamental, mas de identificação de produtos ou serviços. A afirmação é igualmente válida para o desenho industrial, que conta com elevado componente estético, mas que precisa se revestir "de caráter industrial, isto é, deve ser suscetível de reprodução e exploração industrial *e não constituir obra puramente artística*" (Cerqueira, 2012:214).

Existem pelo menos duas diferenças notáveis entre o sistema de direitos autorais e o da proteção por propriedade industrial.

Em razão do disposto na Convenção de Berna, o tratado internacional de 1886 que ainda hoje é o principal documento disciplinador de direitos autorais no mundo, as obras criadas e protegidas em seu âmbito independem de registro para efeitos dessa proteção. Ou seja, o direito autoral surge com a criação, não com o registro da obra. O registro é facultativo.

---

[2] LPI: "Art. 207. Independentemente da ação criminal, o prejudicado poderá intentar as ações cíveis que considerar cabíveis na forma do Código de Processo Civil".

Além disso, uma vez criada a obra, a proteção é automática em todos os países signatários da Convenção de Berna – na prática, a quase totalidade dos países do mundo.

Por outro lado, o sistema de propriedade industrial depende do cumprimento de formalidades administrativas para a proteção de seus bens, e essa proteção é territorial. Invenções precisam ser patenteadas; marcas, indicações geográficas e desenhos industriais precisam ser registrados para que a proteção seja completa.[3]

Além disso, a proteção conferida será sempre restrita ao país que concedeu o registro. Se uma empresa pretende explorar economicamente determinada marca em 20 países, precisará obter o registro da marca em cada um deles.

Finalmente, o terceiro grande grupo de bens protegidos pela propriedade intelectual, comumente identificado como *sui generis*.[4] Embora discutível o conteúdo desse terceiro grupo, ele abrange topografia de circuitos integrados, cultivares e conhecimentos tradicionais.

As topografias de circuitos integrados protegem os desenhos de *chips*[5] e são regidas pela Lei nº 11.484/2007. A proteção de cultivares inclui variedades vegetais e se encontra prevista na Lei nº 9.456/1997. Finalmente, os conhecimentos tradicionais, que abrangem variadas manifestações intelectuais, são protegidos por diversos diplomas legislativos, inclusive internacionalmente.

---

[3] Haverá formas de proteção mesmo sem patente e sem registro, como por meio da concorrência desleal. Mas trata-se de proteção mais fraca, uma vez que documento oficial exarado pelo órgão competente é indispensável para obter a exclusividade do bem de propriedade industrial.

[4] Stéphanie Choisy (2002:22) critica a qualificação *sui generis*, aplicável ao que quer que seja, pois consistiria no "*ressource suprême du juriste embarassé*". Tendemos a concordar com a autora. Se não há classe em que se ajuste, então novas classes devem ser buscadas.

[5] Disponível em: <www.gov.br/inpi/pt-br/servicos/topografias-de-circuitos-integrados/guia-basico>. Acesso em: 17 abr. 2021.

Não vamos detalhar os institutos agrupados nesta categoria *sui generis* porque demandaria amparo teórico que escapa dos objetivos aqui pretendidos.

## Propriedade ou monopólio?

Nas últimas décadas, vimos os ativos intangíveis adquirirem cada vez mais importância econômica para as empresas. Não à toa, quando comparamos as cinco maiores empresas globais de 2010 (Exxon Mobil, PetroChina, Apple, Banco Industrial e Comercial da China – ICBC – e Microsoft) com as que ocupam os mesmos lugares em 2020 (Apple, Microsoft, Amazon, Alphabet e Facebook),[6] notamos um claro deslocamento em favor das empresas de tecnologia, que têm em seus ativos imateriais (propriedade intelectual e dados) a essência de seu valor.

Essa mudança de perspectiva explica por que se estima que os bens intangíveis podem representar mais de 80%[7] do valor das empresas. Mas, embora estejamos no âmbito da propriedade intelectual, a análise econômica dos direitos aqui identificados precisa se iniciar com uma pergunta simples, mas de resposta tormentosa: trata-se mesmo de propriedade? Além disso, quando diante de imóveis, joias, ouro, papel-moeda, equipamentos, veículos e outros bens materiais, sua proteção é bastante intuitiva. Portas, cadeados, câmeras de vigilância e seguranças armados fazem um trabalho conhecido há décadas. Mas como protegemos bens que, em regra, não podemos tocar? A seguir, vamos identificar como a propriedade intelectual se distingue

---

[6] Disponível em: <www.stadafa.com/2020/07/largest-companies-2010-vs-2020.html>. Acesso em: 17 abr. 2021.

[7] Disponível em: <www.businessintangibles.com/single-post/2015/03/11/intangible-assets-increase-to-84-of-the-sp-500s-value-in-2015-report>. Acesso em: 17 abr. 2021.

das demais propriedades para que seja possível explicar as regras de mercado a ela aplicáveis.

O Código Civil brasileiro não define o direito de propriedade, afirmando apenas, em seu art. 1.228, que "o proprietário tem a faculdade de usar, gozar e dispor da coisa, e do direito de reavê-la do poder de quem quer que injustamente a possua ou detenha".

De acordo com Orlando Gomes (1994:86),

> a propriedade é o mais amplo direito de utilização econômica das coisas, direta ou indiretamente. O proprietário tem a faculdade de se servir da coisa, de lhe perceber os frutos e produtos, e lhe dar a destinação que lhe aprouver. Exerce poderes jurídicos tão extensos que a sua enumeração seria impossível.

Contudo, é fácil percebermos que a utilização econômica de um bem material se distingue sensivelmente daquela associada a um bem imaterial. Vejamos, em síntese, quais as principais distinções.

A primeira decorre da própria imaterialidade. Os bens intelectuais podem ser qualificados como não rivais, o que significa dizer que podem ser usados por mais de uma pessoa ao mesmo tempo, com fins diversos, o que não é possível quando estamos diante de um bem material. A mesma música pode ser cantada por centenas ou milhares de pessoas ao mesmo tempo, sem que o uso da música por uma impeça o uso da mesma música por outra. A marca FGV, por exemplo, pode ser usada indevidamente por um terceiro que, sem a ciência da FGV ou contra a vontade da instituição, aluga um prédio e coloca na fachada as letras FGV para oferecer cursos, como se tivesse licença para esse uso. A música e a marca, que são bens imateriais, são por isso qualificados como bens de uso não rival. Já um automóvel, um computador ou um celular não podem ser usados por mais de um indivíduo ao mesmo tempo para finalidades diferentes. São, assim, bens de uso rival. Se eu quero que 50 alunos se acomodem em uma sala de aula, preciso de 50 cadeiras onde eles possam se sentar. Para tomarem notas, precisarão de 50 cadernos ou 50 computadores. Se houver a recomendação de que adquiram um livro para o estudo da disciplina, o livro impresso terá que ser adquirido 50 vezes (já que o livro impresso é um bem físico). Porém, o texto que o livro contém pode ser lido por mais de um aluno ao mesmo tempo, sem que a leitura de um impeça a leitura pelo outro. O livro físico é regido pelas regras da propriedade material; o texto é protegido pelas regras de propriedade intelectual – no caso, dos direitos autorais.

A segunda distinção se relaciona com a primeira. Os bens sujeitos à propriedade material são escassos, enquanto os bens de propriedade imaterial são não escassos. Uma vez que sejam colocados em circulação 100 mil exemplares de um determinado automóvel, uma vez que todos tenham sido vendidos, o 100.001º indivíduo interessado em comprar um automóvel daquele modelo não poderá fazê-lo, pois que todos foram consumidos. Quando bens materiais se esgotam, não há o que fazer senão esperar que novos exemplares estejam à disposição. Os bens de propriedade intelectual, por outro lado, podem em regra ser sempre reproduzidos, ainda mais em um mundo de plataformas digitais, quando até mesmo a distinção entre original e cópia pode ficar nebulosa. Uma joia não pode ser reproduzida (conservando seu valor, naturalmente), mas uma marca, uma invenção (um remédio, por exemplo) ou uma peça de teatro podem, mesmo que sem autorização de seus titulares.

A terceira distinção diz respeito ao tempo de proteção. A propriedade material tende à perpetuidade. Há casos de imóveis que pertencem a uma família há gerações. Isso, contudo, não acontece com os bens protegidos pela propriedade intelectual. O aspecto patrimonial dos direitos autorais se esgota, em regra,

70 anos após o falecimento do autor. Já as patentes duram por 20 anos contados da data do depósito. Desenhos industriais podem vigorar pelo prazo máximo de 25 anos; programas de computador, por até 50. Findos tais prazos, a criação entra no que se convencionou chamar de "domínio público". A partir de então, qualquer pessoa pode auferir vantagens econômicas com a exploração do bem intelectual. Contudo, as marcas escapam a esse destino – e por uma razão evidente. Marcas são protegidas por sucessivos prazos de 10 anos, sem qualquer limite. Desde que observados os requisitos legais, o titular de determinada marca pode conservar seu registro por décadas, indefinidamente. Se não fosse assim, se após um prazo a marca pudesse ingressar em domínio público, o sistema engendraria sua própria ruína. Imagine que após um número limitado de renovações, a marca "Coca-Cola" entrasse em domínio público, de modo que qualquer um pudesse produzir sua versão do refrigerante. Uma das funções das marcas, como vimos, é assegurar as qualidades de determinado produto ou serviço. Ao tomar uma Coca-Cola, você espera que ela tenha sabor de Coca-Cola – é isso que fideliza os clientes. Com o ingresso da marca em domínio público e a consequente descentralização de sua produção, haveria absoluta incerteza sobre as qualidades do produto a ser consumido. Será bom? Ruim? Terá condições de higiene adequadas? Se eu passar mal, a quem me dirijo? Seria uma verdadeira loteria, que levaria os clientes a abandonarem o produto. Por isso, o domínio público não se adéqua às marcas.

A quarta distinção é que bens corpóreos, em regra, pertencem a alguém. Podem ser de pessoas físicas ou jurídicas, de particulares ou do Estado. Se você encontra uma coisa sem dono (*res nullius*), pode teoricamente se tornar proprietário dela ou de parte dela. A regra é idêntica para as coisas abandonadas por terceiros (*res derelicta*), já que a lei permite que a coisa, nesse caso, seja removida do domínio público para ser privatizada

(Landes e Posner, 2003:31). A propriedade de bens materiais é um direito exclusivo que se exerce *erga omnes*. Contudo, nem sempre os bens qualificados como propriedade intelectual são efetivamente objeto de propriedade de alguém. Bens que ingressaram em domínio público, por exemplo, não podem ser reapropriados. Todos podem se valer deles, sem exclusividade. Se alguém renuncia a seus direitos sobre um bem de propriedade intelectual, dedicando-o ao domínio público, terceiro não pode dele se apropriar para gerar novo direito de propriedade (Landes e Posner, 2003:32).

Então, diante de tais diferenças, podemos indagar: até que ponto é possível nos afastarmos das características da propriedade e continuar a chamar tais institutos de propriedade efetivamente? Identificamos, assim, uma controvérsia doutrinária que oscila entre a qualificação como propriedade e como monopólio.

Robert Sherwood (1992:23), por exemplo, defende que os bens intelectuais são protegidos enquanto propriedade. Afirma que "o termo 'direitos de propriedade intelectual' é redundante". Para ele, o conceito de direito estaria implícito em qualquer noção de propriedade (Sherwood, 1992:22).

Por outro lado, Denis Borges Barbosa (2003:26) defende que tais bens estariam sujeitos, na verdade, a um monopólio legal.

É de se notar que, não obstante a expressão "propriedade" ter passado a designar direitos nos tratados pertinentes e em todas as legislações nacionais, boa parte da doutrina econômica a eles se refira como "monopólios".

Tal se dá, provavelmente, porque o titular da patente, ou da marca, tem *uma espécie de monopólio* do uso de sua tecnologia ou de seu signo comercial, que difere do monopólio *stricto sensu* pelo fato de ser apenas a exclusividade legal de uma oportunidade de mercado (do uso da tecnologia etc.) e não – como no monopólio autêntico – uma exclusividade de mercado. Exclusividade a que muito frequentemente se dá o nome de propriedade, embora prefiramos usar as expressões descritivas "monopólio instrumental" ou "direitos de exclusiva".

Adiante, o mesmo autor afirma:

> Mas exclusividade passa a haver – se o Direito o quis em geral e reconheceu no criador os pressupostos de aquisição do benefício. Há mesmo assim um monopólio, num certo sentido. Mas é necessário entender que nos direitos de Propriedade Intelectual – na patente, por exemplo – o monopólio é instrumental: a exclusividade recai sobre um meio de se explorar o mercado, sem evitar que, por outras soluções técnicas diversas, terceiros explorem a mesma oportunidade de mercado. Numa observação de Foyer e Vivant, há monopólio jurídico, mas não monopólio econômico [Barbosa, 2003:26].

Pierre-Yves Gautier (2003:31) é da mesma opinião ao afirmar que: "o direito patrimonial é basicamente um monopólio de exploração, conferido provisoriamente para a sociedade ao autor que a ele faz jus, na tradição dos privilégios do antigo direito.

José de Oliveira Ascensão (1992:40), maior autoralista em língua portuguesa, defende que

> [o]s direitos intelectuais são essencialmente direitos de exclusivo ou de monopólio. Reservam aos titulares a exclusividade na exploração, ao abrigo da concorrência. São frequentemente qualificados como direitos de propriedade, particularmente nas modalidades de propriedade literária ou artística e propriedade industrial. Mas a qualificação nasceu no final do século 18 e continua a existir com clara função ideológica, para cobrir a nudez crua do monopólio sob o manto venerável da propriedade.

É importante observar que as marcas parecem se adequar, muito mais do que os direitos autorais, as patentes de invenção ou os desenhos industriais, à efetiva classificação de propriedade. Ainda que marcas sejam bens não escassos e seu uso seja não rival, conforme vimos elas não ingressam tecnicamente em domínio público. Além disso, caso uma marca seja abandonada pelo seu titular, ela pode ser reapropriada por terceiro, gerando uma nova exclusividade. Uma última distinção é que quem cria um texto ou uma canção sempre terá direitos morais sobre a obra, podendo sempre reivindicar para si a autoria dela. Inventores também podem ter seus nomes indicados na reivindicação da patente. Contudo isso não é verdade para marcas. O criador de uma marca não tem seu nome associado a ela. Quando há cessão de marca de uma empresa para outra, o nome de quem criou a marca não é indicado como autor. Aqui também o uso da marca se assemelha ao de uma propriedade material. No momento em que uma joia é vendida, rompem-se todos os laços jurídicos entre o ex-proprietário e o novo proprietário. Sendo assim, a proteção conferida às marcas efetivamente se assemelha à propriedade, ao contrário da proteção aos direitos autorais e às invenções.

Quer se trate de propriedade ou de monopólio, certo é que os titulares de bens protegidos pela propriedade intelectual gozam de um direito de exclusividade exercido *erga omnes* pelo prazo de proteção que a lei fixar. A regra do regime da propriedade intelectual, qualquer que seja o bem protegido, é: se você não dispõe de uma autorização prévia e expressa para uso do bem, ou se você não usa o bem nos limites legalmente permitidos, esse uso é ilegal. Mas como proteger bens que são imateriais e que, portanto, escapam às estratégias de vigilância e proteção dos bens físicos?

## Escassez e falha de mercado

Como afirma James Boyle (2008:4), "quando as coisas são fáceis de serem copiadas e difíceis de excluir terceiros, nós estamos diante de um potencial colapso do mercado".

Jean Tirole (2020:449), Nobel de Economia, ao tratar da criação de bens públicos (que podem ser usados por todos de maneira não exclusiva, a custo praticamente zero), comenta que

> se toda descoberta caísse imediatamente no domínio público, e fosse então explorável gratuitamente por todos, todos esperariam que os outros fizessem as despesas de P&D [pesquisa e desenvolvimento], mergulhando a atividade criadora num processo de espera generalizado.

Dessa forma, existem várias estratégias para a criação de bens que, por sua natureza, afastam (ou afastariam, não fossem tais estratégias) o interesse de investimento por empresas privadas. Podemos indicar, exemplificativamente: o investimento estatal direto; o oferecimento de prêmios, por parte do Estado, para quem inventar solução técnica adequada para dado problema (a cura de uma doença, por hipótese); o incentivo econômico do Estado para a criação de bens imateriais por particulares (leis de incentivo à cultura); vedações legais que impõem a exclusão de terceiros quando o uso do bem não foi autorizado (regras relativas à propriedade intelectual).

Em razão do avanço tecnológico experimentado nos últimos anos, um *blockbuster* lançado nos cinemas pode ser facilmente copiado, e essa cópia, muitas vezes de alta qualidade, pode ser acessada e multiplicada por dezenas de milhares de indivíduos na internet, a um custo próximo de zero. Situação idêntica diz respeito ao uso não autorizado de marcas famosas e com grande valor de mercado e a remédios patenteados, fruto de anos de pesquisa e milhões em investimento.

Como aponta Denis Borges Barbosa (2003:22), está aí o problema:

> A natureza dos bens imateriais, que fazem com que, em grande parte das hipóteses, um bem imaterial, uma vez colocado no mercado, seja suscetível de imediata dispersão. Colocar o conhecimento em si numa revista científica, se não houver nenhuma restrição de ordem jurídica, transforma-se em domínio comum, ou seja, ele se torna absorvível, assimilável e utilizável por qualquer um.

E segue Barbosa (2003:22):

> Mas a desvantagem dessa dispersão do conhecimento é que não há retorno na atividade econômica da pesquisa. Consequentemente, é preciso resolver o que os economistas chamam de falha de mercado, que é a tendência à dispersão dos bens imateriais, principalmente aqueles que pressupõem conhecimento, através de um mecanismo jurídico que crie uma segunda falha de mercado, que vem a ser a restrição de direitos. O direito torna-se indisponível, reservado, fechado, o que naturalmente tenderia à dispersão.

Diante da não escassez dos bens protegidos pela propriedade intelectual, o que acarreta sua dispersão natural, coube ao direito prover estratégias para proteger ativos imateriais por meio de restrições jurídicas que levam à criação de direitos de exclusividade. A vantagem alcançada é evidente, uma vez que autoriza o titular do direito a "auferir lucros superiores aos que obteriam em um mercado em concorrência, através da redução da oferta e do aumento de preços" (Sampaio, 2009:22). Cria-se assim uma escassez artificial por meio de restrições de ordem jurídica no acesso e uso de bem protegido por propriedade intelectual. Ou, nas palavras de Landes e Posner (2003:20-21, trad. livre), esta é

> o benefício dinâmico dos direitos de propriedade e o resultado da compensação de "acesso *versus* incentivos": cobrar um preço por um bem público reduz o acesso a ele (um custo social), tornando-o artificialmente escasso (ponto de Plant), mas aumenta o incentivo para criá-lo primeiro, o que é um benefício social possivelmente compensatório.[8]

Assim, os bens sujeitos ao regime de propriedade intelectual precisam ser legalmente protegidos porque o mercado, sozinho, não é capaz de fazê-lo. A propriedade intelectual seria, portanto, "um mal necessário que visa estimular a P&D ou a criação artística proporcionando uma renda a seu detentor" (Tirole, 2020:449).

Podemos dizer, dessa forma, que a propriedade intelectual é um incentivo à criação de bens imateriais. Contudo, não é possível afirmar que os tais bens são criados necessariamente porque existe um sistema de propriedade intelectual que protege seus titulares. Se isso fosse verdade, as primeiras criações intelectuais seriam contemporâneas das primeiras formas legais de proteção, o que não é verdade. Testemunhamos criação intelectual, tanto nas artes quanto na técnica, desde a pré-história. E, mesmo nos últimos séculos, muitas obras relevantes foram feitas e resistiram ao tempo independentemente de qualquer proteção jurídica.

---

[8] No original: "*the dynamic benefit of property rights, and the result in 'access versus incentives' tradeoff: charging a price for a public good reduces access to it (a social cost), making it artificially scarce (Plant's point), but increases the incentive to create it in the first place, which is a possibly offsetting social benefit*".

No que diz respeito às patentes, é importante lembrar que as diferenças econômicas entre países desenvolvidos e em desenvolvimento trazem ainda outros elementos para a discussão. Há estudos que demonstram que as patentes podem, inclusive, *prejudicar* a inovação.

Historicamente, países hoje avançados nem sempre tiveram forte proteção dos direitos de patentes. "A maioria adotou proteção fraca e incompleta até alcançar estágios avançados de desenvolvimento, e muitos violaram direitos de patentes de outros países" (Lima, 2013:38). E uma vez superado

> o atraso tecnológico, países atualmente desenvolvidos fortaleceram seus direitos de patentes e correlatos, limitando o acesso dos demais às inovações por eles geradas e, deste modo, dominaram a geração de tecnologia e o patenteamento em nível global [Lima, 2013:38].

Por outro lado, embora vários países em desenvolvimento tenham adotado as regras de acordos internacionais sobre propriedade intelectual (notadamente aquelas decorrentes do acordo TRIPs),[9] "nem por isso tiveram uma melhoria sensível no seu desempenho econômico, tecnológico, de industrialização ou de inovação" (Lima, 2013:36). Como afirma o estudo promovido pela Câmara dos Deputados do Brasil, o efeito pode ser inclusive o oposto:

> Pelo contrário, direitos de patentes mais fortes estariam reduzindo a capacidade de nações menos desenvolvidas tecnologicamente de promover a captura (*catch up*) por meio de canais informais, via engenharia reversa, processos de imitação e adaptação de

---

[9] Disponível em: <www.gedai.com.br/acordo-trips-ou-acordo-adpic-texto-integral/>. Acesso em: 18 out. 2021.

> tecnologias avançadas, que podem ser mais importantes do que as transferências formais para a promoção do desenvolvimento. [...] no caso de países em desenvolvimento, nos quais a assimilação tecnológica é mais relevante do que a geração de inovações de ponta, os benefícios de um regime de propriedade intelectual forte são mínimos [Lima, 2013:39-40].

De fato, vários são os argumentos que podem ser invocados para afirmar que bens passíveis de proteção pela propriedade intelectual seriam produzidos, ao menos em parte, independentemente da proteção jurídica.

Landes e Posner (2003:22, trad. livre) afirmam, por exemplo, que

> ainda hoje, grande parte da propriedade intelectual produzida seria produzida mesmo que eles [os direitos relacionados à propriedade intelectual] não existissem – alguns porque produzidos sem expectativa de ganho financeiro significativo, alguns porque financiados por outros meios que a exploração econômica do bem e alguns porque os custos podem ser recuperados antes que os concorrentes possam copiá-lo, uma vez que, como acabamos de apontar, as etapas preparatórias na criação da propriedade intelectual são protegidas pelos direitos normais que as pessoas têm à privacidade e à propriedade física.[10]

---

[10] No original: "*even today a great deal of the intellectual property that is produced would be produced even if they [os direitos relacionados à propriedade intelectual] did not exist – some because produced with no hope of significant financial gain, some because financed by means other than sale, and some because the costs can be recouped before competitors can duplicate it, since, as we just pointed out, the preparatory stages in the creation of intellectual property are protected by the normal rights that people have to privacy and physical property*".

A Wikipédia, a mais ampla enciclopédia disponível, é um exemplo disso. Podemos dizer o mesmo da produção acadêmica e amadora, cuja criação é menos estimulada pela proteção intelectual. Aquela por ter seu financiamento decorrente do salário dos pesquisadores ou das instituições onde trabalham; esta porque intrinsecamente ligada à natureza criativa da humanidade.

## Proteção temporária

Várias são as teorias que tentam justificar a proteção de criações imateriais pelo campo da propriedade intelectual. As duas mais referenciadas são a teoria do trabalho e a da personalidade.

Pela primeira, cria-se um paralelo entre o trabalho físico e o intelectual. Aquele que cultiva um campo, rega as mudas e cuida delas até que deem frutos terá direito a eles. Trata-se de uma consequência natural e justa do esforço despendido. Analogamente, aquele que cria um texto ou uma invenção deve gozar de um direito de exclusividade sobre o resultado de seu empenho.

Já pela teoria da personalidade, o que está em jogo é a expressão da vontade de seus autores, algo fundamental para o desenvolvimento da personalidade (Fisher, s.d.).

Em qualquer caso (e William Fisher aponta ainda outras abordagens capazes de justificar a proteção pela propriedade intelectual), certo é que se trata de uma exclusividade temporária. Independentemente da justificativa, o Estado confere ao titular o direito exclusivo de exploração econômica da obra pelo tempo fixado em lei – com exceção das marcas (e demais signos distintivos, como as indicações geográficas), que são protegidas por tempo indefinido.

Tanto é assim que a Constituição Federal brasileira impõe, em seu art. 5º, XXVII a XXIX, que os direitos de propriedade intelectual (exceto pelas marcas, como visto) sejam exercidos dentro de um prazo máximo.[11]

Como se percebe, o inciso XXVII trata de direitos de autor; o XXVIII, de direitos de autor e conexos; o XXIX, de propriedade industrial. E a Constituição Federal impõe limites no tempo de proteção tanto para os direitos autorais quanto para as patentes. Assim, não pode o legislador infraconstitucional estabelecer direitos perpétuos aos autores ou aos inventores.

O domínio público é, portanto, uma imposição. Uma vez que o prazo de proteção se esgote, o bem (direitos autorais, patentes de invenção e de modelo de utilidade, desenho industrial etc.) ingressa em domínio público. Para efeitos práticos, significa dizer que a exclusividade deixa de existir e qualquer pessoa poderá explorar aquela criação economicamente. Alguns ativos protegidos por propriedade intelectual têm elementos que não ingressam em domínio público. É, por exemplo, a vertente moral dos direitos autorais.

Analisemos, portanto, os fundamentos de ingresso em domínio público de cada uma das categorias mais relevantes da propriedade intelectual.

---

[11] CF: "Art. 5º: [...] XXVII - aos autores pertence o direito exclusivo de utilização, publicação ou reprodução de suas obras, transmissível aos herdeiros *pelo tempo que a lei fixar*; XXVIII - são assegurados, nos termos da lei: a) a proteção às participações individuais em obras coletivas e à reprodução da imagem e voz humanas, inclusive nas atividades desportivas; b) o direito de fiscalização do aproveitamento econômico das obras que criarem ou de que participarem aos criadores, aos intérpretes e às respectivas representações sindicais e associativas; XXIX - a lei assegurará aos autores de inventos industriais privilégio *temporário* para sua utilização, bem como proteção às criações industriais, à propriedade das marcas, aos nomes de empresas e a outros signos distintivos, tendo em vista o interesse social e o desenvolvimento tecnológico e econômico do País; [grifos nossos]".

## Direitos autorais

Os direitos autorais se dividem em dois grupos de direitos: os patrimoniais e os morais. Quando mencionamos o domínio público, referimo-nos apenas aos aspectos econômicos. Os direitos morais são, em oposição, os elementos "não econômicos" da autoria, relacionando-se mais diretamente à pessoa do autor. Abrangem, exemplificativamente, o direito de ter seu nome indicado como autor da obra, o direito de conservar a obra inédita, o direito de conservar a obra íntegra, o de modificá-la e o de retirá-la da circulação desde que presentes as condições exigidas em lei para a prática desses atos. Os direitos morais são irrenunciáveis e inalienáveis por disposição legal.[12] Dessa forma, não guardam conteúdo econômico, não podem ser negociados e, tecnicamente, não entram em domínio público.

Já os direitos patrimoniais de autor, bem como os direitos econômicos sobre as patentes e os direitos de exploração de desenhos industriais são protegidos por tempo limitado. Com seu ingresso em domínio público, qualquer interessado pode explorar o bem sem a necessidade de prévia e expressa autorização, que é a regra geral de nosso ordenamento jurídico.

Como consequência, mais agentes podem colocar no mercado suas versões do bem em domínio público, o que gera efeitos benéficos para o consumidor. Em regra, haverá mais oferta, com mais qualidade e preço mais baixo.

Vejamos. Segundo publicado pela imprensa, o livro brasileiro mais vendido em 2020 foi *Pequeno manual antirracista*, de Djamila Ribeiro.[13] Da obra, existe apenas uma edição, da Companhia das Letras. Por meio do contrato de edição, a edi-

---

12 LDA: "Art. 27. Os direitos morais de autor são inalienáveis e irrenunciáveis".

13 Disponível em: <www.correiobraziliense.com.br/diversao-e-arte/2020/12/4897700-confira-os-20-livros-mais-vendidos-no-brasil-em-2020-no-site-da-amazon.html>. Acesso em: 17 abr. 2021.

tora exerce um monopólio na exploração econômica do texto. Enquanto vigorar o contrato, nenhum terceiro poderá colocar no mercado outra versão da mesma obra.

Por outro lado, *Dom Casmurro* é um clássico que se encontra em domínio público. Seu autor, Machado de Assis, morreu em 1908 – há bem mais do que os 70 anos pelos quais a obra permanece protegida após a morte do autor. Por isso, qualquer interessado pode publicar o texto desde que dê crédito a Machado de Assis. Em pesquisa ao *site* de uma livraria, encontramos 60 ocorrências como resultado da busca do termo *Dom Casmurro.*[14] Entre elas, há não apenas publicações da obra original, de variadas editoras, bem como audiolivro, adaptações para os públicos infantil e juvenil, história em quadrinhos e obras derivadas (como *Dom Casmurro e os discos voadores*, de Lúcio Manfredi).

## Patentes

Situação semelhante ocorre com o ingresso em domínio público de invenções patenteadas. Quando um remédio perde sua proteção patrimonial, torna-se permitida a produção de medicamentos genéricos. As marcas associadas ao medicamento, mesmo as mais famosas (como Viagra, que é de fato marca), seguem protegidas. Mas o princípio ativo pode ser reproduzido por outros laboratórios para o oferecimento de medicamentos idênticos ou muito semelhantes.

Embora não se confunda com o domínio público, cabe aqui fazer menção à licença compulsória, vulgarmente chamada "quebra de patente".

[14] Disponível em: <www.travessa.com.br/Busca.aspx?d=1&bt=dom%20casmurro&cta=00&codtipoartigoexplosao=1>. Acesso em: abr. 2021.

A licença compulsória é tratada na LPI a partir do art. 68 e constitui uma importante flexibilidade para países em desenvolvimento, tendo amparo em tratado internacional, conforme previsto no art. 31 do TRIPs. Como o nome indica, a concessão da licença compulsória se dá independentemente da vontade do titular e pode ocorrer em razão das seguintes hipóteses: (1) abuso de poder econômico; (2) não exploração ou insuficiência de exploração; (3) interesse público ou emergência nacional; (4) patentes dependentes (Paranaguá e Reis, 2009:99-100).

Ao contrário do que seu nome popular pode insinuar (*quebra* de patente), a licença compulsória não é o esgotamento dos efeitos da patente nem o ingresso da invenção em domínio público. Na prática, a licença compulsória "suspende o monopólio jurídico temporário, artificialmente criado pela patente, permitindo que seu objeto seja importado, produzido ou comercializado por quaisquer agentes no país sem a autorização do detentor do direito, mediante o pagamento de *royalties*" (Lima, 2013:176).

É por isso que a licença compulsória não constitui

> quebra ou término dos direitos dos titulares das patentes. Após a licença compulsória, a titularidade continua em nome de quem detém os direitos da patente. O que ocorre é que o uso do objeto da patente não depende mais da autorização prévia do titular. Mas vários requisitos têm de ser preenchidos para que a licença possa ser concedida [Lima, 2013:176].

Além disso, o titular é remunerado enquanto vigora a licença compulsória, o que não ocorreria caso ela equivalesse ao ingresso da invenção em domínio público.

## Marcas

Marcas, já vimos, contam com regime jurídico diferente, mais próximo ao da propriedade exercida sobre bens físicos, e não estão sujeitas às regras de ingresso em domínio público. Contudo, a LPI dispõe de instrumentos para extinguir o registro marcário nas seguintes circunstâncias: (1) expiração do prazo de vigência; (2) pela renúncia ao direito; (3) pela caducidade; (4) pela falta de procurador para pessoas domiciliadas no exterior (art. 217).[15] Havendo perda ou renúncia, a marca fica teoricamente livre para ser adquirida por terceiro – gerando-se, assim, nova exclusividade. Neste particular, é interessante analisar o fenômeno da caducidade.

Entende-se a caducidade pela perda de direitos da marca caso seu uso não se inicie em até cinco anos contados da concessão do registro ou, ainda, se houver interrupção em seu uso por mais de cinco anos consecutivos.[16]

O que se pretende com esse dispositivo legal é que haja uma obrigação de uso efetivo da marca. Afinal, se existe um direito

[15] LPI: "Art. 142. O registro da marca extingue-se: I - pela expiração do prazo de vigência; II - pela renúncia, que poderá ser total ou parcial em relação aos produtos ou serviços assinalados pela marca; III - pela caducidade; ou IV - pela inobservância do disposto no art. 217". O art. 217, por sua vez, prevê que "a pessoa domiciliada no exterior deverá constituir e manter procurador devidamente qualificado e domiciliado no País, com poderes para representá-la administrativa e judicialmente, inclusive para receber citações".

[16] LPI: "Art. 143. Caducará o registro, a requerimento de qualquer pessoa com legítimo interesse se, decorridos 5 (cinco) anos da sua concessão, na data do requerimento: I - o uso da marca não tiver sido iniciado no Brasil; ou II - o uso da marca tiver sido interrompido por mais de 5 (cinco) anos consecutivos, ou se, no mesmo prazo, a marca tiver sido usada com modificação que implique alteração de seu caráter distintivo original, tal como constante do certificado de registro. § 1º. Não ocorrerá caducidade se o titular justificar o desuso da marca por razões legítimas. § 2º. O titular será intimado para se manifestar no prazo de 60 (sessenta) dias, cabendo-lhe o ônus de provar o uso da marca ou justificar seu desuso por razões legítimas".

de uso exclusivo de um signo distintivo, se algo é retirado do domínio comum para que seja legalmente usado com exclusividade por alguém, é obrigatório que esse uso seja real. Impede-se, assim, que um agente do mercado obtenha diversos registros de marcas que não serão usadas.

Essa prática, se não fosse associada a consequências jurídicas desestimulantes (como a dos arts. 142 e 143 da LPI), incentivaria a diminuição de um domínio comum (menos signos estariam disponíveis para registro) e, pior, permitiria que agentes do mercado registrassem marcas que não pretendiam usar apenas para celebrar contratos com quem de fato tivesse interesse em seu registro, encarecendo injustamente o custo de negociação por ação abusiva e contrária aos fundamentos do instituto.

Embora não se possa tratar de domínio público das marcas nos mesmos termos em que compreendemos o instituto quanto a direitos autorais e patentes, é importante lembrar que a LPI dispõe de instrumentos que desestimulam o registro abusivo de marcas e sua consequente exclusividade.

Em síntese, o efeito do domínio público sobre os bens protegidos pela propriedade intelectual, quer se trate de obra protegida por direitos autorais, invenção ou modelo de utilidade, é o aumento da oferta, com produtos de melhor qualidade e preço mais acessível ao consumidor.

## O mundo digitalizado

O recente crescimento das tecnologias digitais representa um grande desafio à proteção da propriedade intelectual. Embora os bens imateriais sejam naturalmente não rivais e não escassos, a teoria da propriedade intelectual, sobretudo no que diz respeito aos direitos autorais, foi construída levando-se em conta o controle de exemplares.

A Convenção de Berna, tratado internacional criado em 1886 e que ainda hoje serve de matriz para a confecção de leis nacionais de proteção ao direito autoral, é um produto da Revolução Industrial que a Europa estava atravessando. Foi justamente a facilidade com que cópias de obras literárias vinham sendo feitas, mesmo sem autorização dos titulares de seus direitos, que levou à criação de um tratado internacional que estipulasse regras mínimas de proteção em cada uma das jurisdições a ele vinculadas.

A Convenção de Berna, incorporada ao ordenamento jurídico brasileiro por meio do Decreto nº 75.699/1975, foi concebida em um período histórico em que as obras intelectuais eram, em essência, textos, obras de artes plásticas, música e peças de teatro executadas publicamente. Mesmo a fotografia, que já começava a se popularizar, ainda não era vista como arte. Faltavam ainda alguns anos para o aparecimento do cinema e tantos outros até que tivéssemos aparelhos de rádio, televisão e computadores. A Convenção de Berna foi revista algumas vezes ao longo do século XX, mas a última revisão data dos anos 1970 – ou seja, é anterior à internet, a mais ampla revolução a desafiar os direitos autorais.

Mesmo que a proteção pela propriedade intelectual recaia sobre o bem imaterial, e não sobre sua cópia, podemos dizer que o controle de cópias foi um dos pilares da indústria cultural ao longo da história, até o surgimento da internet. Afinal, o custo de produção de exemplares era muito alto e isso demandava grandes investimentos por parte de produtoras de filme, gravadoras de disco e editoras de livro, por exemplo. Mas o advento da internet mudou tudo, pois as cópias, que eram caras, ruins e complicadas de serem feitas, se tornaram baratas, de alta qualidade e muito facilmente obtidas. Dessa forma, titulares dos bens protegidos pela propriedade intelectual perderam o controle sobre a circulação de cópias colocadas no mercado, o que pode, ao menos tem tese, acarretar prejuízo econômico e reputacional.

A primeira indústria a sentir os efeitos da mudança na forma de acesso a bens intelectuais foi a fonográfica, com o surgimento do Napster, no final dos anos 1990. O Napster era, originalmente, um serviço de compartilhamento de arquivos digitais *peer-to-peer* (P2P) que permitia que usuários de internet acessassem e copiassem obras musicais de outros computadores conectados à rede, sem qualquer pagamento, exceto aquele despendido pela conexão à internet.

O Napster foi fechado pouco tempo depois por conta de ações judiciais que precisou enfrentar,[17] mas logo surgiram outros serviços que permitiam o compartilhamento de arquivos, nos mesmos moldes que o Napster, como o Kazaa e o eMule.

De toda forma, o legado do Napster e da discussão que suscitou na época foi testemunharmos o surgimento de novos modelos de negócio na internet que usavam o compartilhamento centralizado (o que convencionamos chamar de *streaming*) para dar acesso legal a obras musicais. Em 2001, a Apple lançou o iTunes, aplicativo para aquisição de faixas individuais de música. Poucos anos depois, foi lançado o Spotify, mais conhecido serviço de *streaming* de música do mundo.

Durante cerca de 10 anos, a indústria fonográfica viveu um dilema de como lidar com novas tecnologias que permitiam o acesso direto a obras protegidas, independentemente dos esforços de controle de cópias colocadas no mercado. E o drama experimentado pelas gravadoras era certamente apenas o prenúncio do que se seguiria com as indústrias audiovisual e editorial, poupadas temporariamente por conta de suas peculiaridades. Arquivos de filmes eram muito pesados para um mundo sem banda larga e sem boa conectividade, além do desafio que as línguas estrangeiras impunham, como a legendagem.

---

[17] Uma síntese do caso pode ser encontrada em:<www.copyright.gov/fair-use/summaries/a&mrecords-napster-9thcir2001.pdf>. Acesso em: 23 maio 2021.

Por sua vez, os livros precisavam de um dispositivo adequado, já que músicas cabiam nos pequenos iPods, inadequados para leitura. Além disso, ninguém sairia pelas ruas lendo livros em computadores portáteis. Seria necessária ainda a invenção dos *tablets*, o que ocorreu apenas em 2010.

Nesse meio-tempo, a indústria tradicional fez o que pôde – e errou muito. Processou usuários, muitas vezes equivocadamente,[18] tentou implementar mecanismos de controle de cópia que esbarravam em garantias legais,[19] tratou o meio digital com as mesmas regras a que estava acostumada no meio físico. Foi só com a percepção de que o problema das cópias privadas e da pirataria era tanto econômico quanto jurídico que soluções mais adequadas puderam ser propostas.

Do ponto de vista do consumidor, o modelo de negócio vigente hoje em dia é o da assinatura mensal, que permite acesso a uma base de dados de obras intelectuais (músicas, filmes, livros), sem que o usuário precise fazer *download* do arquivo, ou seja: sem a circulação de cópias.

Como visto, esse era um elemento central no controle da circulação de bens protegidos por propriedade intelectual. Embora estejamos neste momento tratando de direitos autorais, essa constatação vale para marcas, desenhos industriais e patentes de invenção ou de modelo de utilidade.

O modelo de negócio inaugurado pela indústria da música foi exportado para a indústria audiovisual, com notável pioneirismo da Netflix. Em 2011, o tráfego de dados da Netflix na América do Norte excedeu o do BitTorrent (também serviço de compartilhamento de arquivos P2P) pela primeira vez, com 22,2% do tráfego para Netflix e 21,6% para BitTorrent. Em 2015,

---

[18] Por exemplo, ver: <https://hbr.org/2008/12/why-the-riaa-stopped-suing>. Acesso em: 18 abr. 2021.

[19] Sobre o assunto, já tivemos a oportunidade de nos manifestar em Branco (2007).

a diferença tinha diminuído consideravelmente, com a Netflix respondendo por 36,5% do tráfego e o BitTorrent, por 6,3% (Smith e Telang, 2016:11).

Acreditamos que o percentual de tráfego de conteúdo na internet dedicado às tecnologias de compartilhamento de arquivos dificilmente chegará a zero, já que sempre haverá filmes, músicas e livros fora de circulação comercial em determinado território, o que estimulará o acesso não autorizado. A propósito, mesmo com a prevalência do modelo de negócio da Netflix, há evidências de que o compartilhamento não autorizado de obras audiovisuais voltou a crescer.[20] Uma das razões seria o fato de que o conteúdo audiovisual está cada vez mais pulverizado em múltiplas plataformas, inviabilizando, para a maioria dos usuários, a assinatura de todas ou da maioria delas.[21] Por conta do surgimento de novas plataformas de obras audiovisuais, o catálogo da Netflix diminuiu cerca de 40% entre 2010 e 2018.[22]

Um estudo da World Intellectual Property Organization (WIPO) ou, em português, Organização Mundial da Propriedade Intelectual (OMPI) mostra que quanto mais um filme está legalmente disponível em plataformas *online*, menor será seu acesso ilegal. No caso do Brasil (país onde o estudo foi feito), há um decréscimo aproximado de 6% ao ano no que diz respeito a cópias não autorizadas.[23]

Se a forma de acessar obras intelectuais mudou radicalmente depois do surgimento da internet, é necessário ter em mente que

---

[20] Disponível em: <www.vice.com/en/article/d3q45v/bittorrent-usage-increases-netflix-streaming-sites>. Acesso em: 24 abr. 2021.

[21] Disponível em: <www.muso.com/magazine/to-compete-with-netflix-online-piracy-is-upping-its-game>. Acesso em: 24 abr. 2021.

[22] Disponível em: <https://nymag.com/intelligencer/2019/06/piracy-is-back.html>. Acesso em: 24 abr. 2021.

[23] Disponível em: <www.wipo.int/edocs/infogdocs/creative_industries/en/streaming-wars/#pirating-decreases-once-movies-are-online-and-multi-platform>. Acesso em: 24 abr. 2021.

os desafios relacionados à circulação das obras e a seu acesso estão majoritariamente ligados a modelos de negócio econômico, que precisam ser continuamente repensados para atender a produtores e consumidores de conteúdo. Não é apenas com leis mais rígidas e processos judiciais que se protege a propriedade intelectual. O passado recente tem demonstrado que modelos econômicos viáveis são ainda mais relevantes para equilibrar a equação que envolve a proteção dos direitos autorais e o acesso às obras.

## Escassez artificial

"A obra de arte foi em princípio sempre reproduzível. Sempre foi possível a pessoas imitar aquilo feito por pessoas", já alertava Walter Benjamin (2013:52) em seu célebre *A obra de arte na era de sua reprodutibilidade técnica*. Contudo, essa afirmação jamais foi tão verdadeira quanto hoje, por conta da tecnologia digital. Muitas vezes, sequer somos capazes de distinguir a cópia do original, tamanha a qualidade das reproduções. Mas, então, como lidar com esse fato se o controle de cópias é fundamental para dar valor a obras imateriais diante de sua intrínseca falta de escassez?

Uma possível resposta é a criação de *non-fungible tokens* (NFTs). Trata-se de um certificado digital que se vale de tecnologia *blockchain* para assinar determinado bem digital, tornando-o único. Imagine, por exemplo, que um fotógrafo tenha criado uma fotografia digital e queira vender um exemplar por determinada quantia.

Quando estamos diante de uma obra impressa e assinada pelo autor, entendemos o valor que decorre de sua unicidade. Mesmo que alguém reproduza aquela fotografia em outro suporte, não terá o mesmo valor, ainda que a qualidade da obra seja a mesma. O valor decorre da assinatura do fotógrafo no original. A lógica que rege os NTFs é a mesma.

Quem pagaria por uma fotografia digitalizada se não dá para saber nem mesmo se ela foi concebida daquele jeito ou se foi manipulada? E ainda que houvesse essa certeza, por que pagar por algo que muito provavelmente pode ser encontrado na internet, por vezes com a mesma qualidade e, além disso, de graça? Com os NFTs, cria-se uma escassez digital. A obra passa a ser assinada e, por isso, se torna única – infungível. Como um quadro de Matisse ou de Picasso.

A vantagem dos NFTs é que, por serem assinaturas digitais, podem estar associados não apenas a fotografias, ilustrações e desenhos – bens aos quais, no mundo físico, estamos acostumados a dar valor quando assinados e autenticados como originais. NFTs podem certificar memes, gifs, obras audiovisuais, enfim, qualquer arquivo digital.

Mike Winkelmann, artista conhecido como Beeple, vendeu em 2021, na conceituada casa de leilões Christie's, uma obra em NFT pelo valor de US$ 69 milhões.[24] Trata-se da obra de arte digital mais cara da história. Também o primeiro *post* do Twitter, assinado por seu diretor-presidente, Jack Dorsey, foi vendido pela fortuna de quase US$ 3 milhões alguns dias depois.[25] Não se trata propriamente de uma obra de arte, nem tem um conteúdo inovador (diz apenas "*just setting up my twttr*"). Mas, uma vez convertido em NFT, passa a ser um conteúdo único e, por isso, valioso. Qualquer pessoa pode ter acesso à versão digital da publicação de Jack Dorsey, mas nenhuma, exceto a que ele autenticou, estará assinada por ele.

---

[24] Disponível em: <https://tecnoblog.net/420763/beeple-fatura-us-69-milhoes-vendendo-arte-digital-como-nft/>. Acesso em: 24 abr. 2021.

[25] Disponível em: <https://g1.globo.com/economia/tecnologia/noticia/2021/03/22/primeiro-post-do-twitter-e-vendido-por-us-2-9-milhoes-como-nft.ghtml>. Acesso em: 24 abr. 2021.

Ainda é cedo para saber se o mercado vai se convencer do valor atribuído a bens digitais pela criação de NFTs. Do ponto de vista econômico, faz sentido. É a escassez que atribui valor a bens intelectuais. Contudo, o acesso a reproduções baratas, acessíveis e de alta qualidade de conteúdos imateriais pode legar os NFTs a um nicho de luxo, um capricho de quem está disposto a pagar caro por uma assinatura invisível.

## Conclusão

As mudanças tecnológicas das últimas décadas impactaram de modo direto a forma de compreender a propriedade intelectual. Bens que são naturalmente não escassos e não rivais passaram a prescindir dos suportes físicos em que costumavam circular e que eram fundamentais para o controle do acesso a eles. Músicas, filmes e textos são hoje acessados sem a necessidade de vinis ou CDs, fitas, DVDs ou papel. Mesmo marcas podem ser utilizadas diretamente em páginas na internet, independentemente de letreiros, folhetos ou produtos que buscavam identificar. A propriedade intelectual, que sempre se caracterizou por sua imaterialidade, ficou ainda mais fluida.

Por isso, a adequada proteção à propriedade intelectual precisa necessariamente levar em conta seus aspectos econômicos. Embora a contrafação (nome técnico-jurídico para pirataria) possa causar danos ao consumidor quando lidamos com produtos físicos (imagine, por exemplo, o risco de consumir um remédio contrafeito), quando lidamos com bens protegidos por direitos autorais, modelos de negócio economicamente viáveis para o consumo se mostraram fundamentais para diminuir práticas de cópias não autorizadas.

O objetivo final deste capítulo é oferecer uma visão ampla dos institutos da propriedade intelectual e de como aspectos econômicos são indissociáveis de sua proteção. Mais do que apresentar fórmulas prontas da análise econômica da propriedade intelectual, gostaríamos de fazer um convite para que esses ativos intangíveis não sejam apenas analisados como bens regulados pelo direito, notadamente pela teoria tradicional da propriedade. Uma visão plural e multidisciplinar é imprescindível para a compreensão de sua importância no tempo presente.

## Referências

ASCENSÃO, José de Oliveira. Direito intelectual, exclusivo e liberdade. *Revista da ABPI*, n. 59, 1992.

BARBOSA, Denis Borges. *Uma introdução à propriedade intelectual.* 2. ed. Rio de Janeiro: Lumen Juris, 2003.

BENJAMIN, Walter. *A obra de arte na era de sua reprodutibilidade técnica.* Porto Alegre: L&PM, 2013.

BOYLE, James. *The public domain.* New Haven: Yale University Press, 2008.

BRANCO, Sérgio. A lei autoral brasileira como elemento de restrição à eficácia do direito humano à educação. *Revista SUR*: rev. int. direitos humanos, São Paulo, v. 4, n. 6, 2007. Disponível em: <www.scielo.br/scielo.php?script=sci_arttext&pid=S1806-64452007000100007>. Acesso em: 18 abr. 2021.

BRASIL. Decreto nº 75.572, de 8 de abril de 1975. Promulga a Convenção de Paris para a Proteção da Propriedade industrial; revisão de Estocolmo, 1967. *Diário Oficial [da] República Federativa do Brasil*, Brasília, DF, seção 1, 10 abr. 1975.

______. Decreto nº 75.699, de 6 de maio de 1975. Promulga a Convenção de Berna para a Proteção das Obras Literárias e Artísticas, de 9 de setembro de 1886, revista em Paris, a 24 de julho de 1971. *Diário Oficial [da] República Federativa do Brasil*, Casa Civil, Brasília, DF, 9 maio 1975.

______. Constituição da República Federativa do Brasil de 1988. *Diário Oficial [da] República Federativa do Brasil*, Casa Civil, Brasília, DF, 5 out. 1988.

______. Decreto nº 1.355, de 30 de dezembro de 1994. Promulga a ata final que incorpora os resultados da Rodada Uruguai de Negociações Comerciais Multilaterais do GATT. *Diário Oficial [da] República Federativa do Brasil*, Casa Civil, Brasília, DF, 31 dez. 1994.

______. Lei nº 9.456, de 25 de abril de 1997. Institui a Lei de Proteção de Cultivares e dá outras providências. *Diário Oficial [da] República Federativa do Brasil*, Casa Civil, Brasília, DF, 28 abr. 1997.

______. Lei nº 9.610, de 19 de fevereiro de 1998. Altera, atualiza e consolida a legislação sobre direitos autorais e dá outras providências. *Diário Oficial [da] República Federativa do Brasil*, Casa Civil, Brasília, DF, 20 fev. 1998.

______. Lei nº 10.406, de 10 de janeiro de 2002. Institui o Código Civil. *Diário Oficial [da] República Federativa do Brasil*, Casa Civil, Brasília, DF, 11 jan. 2002.

______. Lei nº 11.484, de 31 de maio de 2007. Dispõe sobre os incentivos às indústrias de equipamentos para TV digital e de componentes eletrônicos semicondutores e sobre a proteção à propriedade intelectual das topografias de circuitos integrados, instituindo o Programa de Apoio ao Desenvolvimento Tecnológico da Indústria de Semicondutores – PADIS [...]. *Diário Oficial [da] República Federativa do Brasil*, Casa Civil, Brasília, DF, 31 maio 2007 (ed. extra).

CERQUEIRA, João da Gama. *Tratado da propriedade industrial.* Atual. Newton Silveira e Denis Borges Barbosa. Rio de Janeiro: Lumen Juris, 2012. v. I.

CHOISY, Stéphanie. *Le domaine public en droit d'auteur*. Paris: Litec, 2002.

FISHER, William. *Theories of intellectual property*. [S.l.: s.n.], [s.d.]. Disponível em: <https://cyber.harvard.edu/people/tfisher/iptheory.pdf>. Acesso em: 17 abr. 2021.

GAUTIER, Pierre-Yves. *Priopriété litteraire et artistique*. Paris: PUF, 2003.

GOMES, Orlando. *Direitos reais*. 10. ed. Rio de Janeiro: Forense, 1994.

LANDES, William M.; POSNER, Richard A. *The economic structure of Intellectual Property Law*. Cambridge: Harvard University Press, 2003.

LIMA, Newton (Relator). *A revisão da Lei de Patentes*: inovação em prol da competitividade nacional. Brasília: Câmara dos Deputados, 2013. (Edições Câmara).

PARANAGUÁ, Pedro; REIS, Renata. *Patentes e criações industriais*. Rio de Janeiro: FGV Ed., 2009.

SAMPAIO, Patrícia Regina Pinheiro. *Direito da concorrência e obrigação de contratar*. Rio de Janeiro: Elsevier, 2009.

SHERWOOD, Robert M. *Propriedade intelectual e desenvolvimento econômico*. São Paulo: Edusp, 1992.

SMITH, Michael D.; TELANG, Rahul. *Streaming sharing stealing*. Cambridge: The MIT Press, 2016.

TIROLE, Jean. *Economia do bem comum*. Rio de Janeiro: Zahar, 2020.

CAPÍTULO 3

# Direito e economia do crime

*Thiago Bottino*

## Introdução[1]

A análise econômica do direito utiliza os instrumentos da teoria econômica para estudar o comportamento humano e os aplica na atividade jurídica. Especificamente no que tange à prática de condutas criminosas, a análise econômica do direito se presta para a formulação de políticas públicas em matéria penal, processual penal e de segurança pública, para aperfeiçoar a elaboração de leis penais, e, ainda, para compreender o funcionamento das instituições atuantes no sistema penal.

O "olhar econômico" não vê o direito penal apenas como uma regra que define o que é certo ou justo, mas como um instrumento para estimular ou desestimular determinados comportamentos. Compreender o funcionamento, extensão, preponderância e limites dos mecanismos de incentivos e desincentivos que atuam na decisão do indivíduo de praticar, ou não, determinadas condutas definidas como crimes pode trazer maior clareza para um debate normalmente dominado por visões morais – e, portanto, carregadas de subjetividade.

---

[1] Alguns dos temas aqui tratados já foram objeto de textos específicos do mesmo autor, parcialmente aqui reproduzidos. São eles: Bottino (2016), Bottino e Shikida (2012) e Bottino e Oliveira (2012).

Neste texto, teremos como objetivo apresentar discussões introdutórias sobre as potenciais abordagens por meio das quais a teoria econômica pode contribuir para o estudo do direito penal, sobre a compreensão do raciocínio e do comportamento individual relativamente à prática de crimes, a aplicação da teoria da escolha racional nos acordos de colaboração premiada e, finalmente, apresentar um estudo de caso que buscou aferir a eficiência nas instâncias administrativa e penal.

## O conceito de crime como ato ineficiente de necessária punição diferenciada

A eficiência é um dos conceitos fundamentais da teoria econômica. A situação em que não é possível aumentar o ganho (ou satisfação pessoal) de uma pessoa sem diminuir o ganho (ou satisfação pessoal) de outra chama-se "eficiência de Pareto". Quebras de contrato e imposição de preços por abuso de poder econômico são atos ineficientes porque permitem que um agente obtenha benefícios em detrimento dos custos de outro agente, sendo, portanto, atos ineficientes. Furtos, roubos e sequestros também são atos ineficientes segundo esse conceito.

Outro conceito econômico de eficiência é denominado Kaldor-Hicks, definido como a comparação dos benefícios e custos sociais de determinada norma e que sustenta que a imposição de custos a determinados agentes será eficiente se decorrerem ganhos sociais que superem esses custos. Nesse sentido, a imposição de penas criminais a todo e qualquer tipo de infração seria ineficiente – haja vista o enorme custo envolvido no processo criminal e na execução da pena – o que recomenda a limitação do uso do direito penal às infrações mais graves,[2] cujo custo não é exclusivamente individual.

---

[2] Exemplo dessa lógica em matéria penal é a aplicação do princípio (não positivado) da insignificância, técnica de interpretação da lei que permite afastar

É possível, portanto, analisar o conceito de crime como comportamento socialmente danoso a partir de considerações relacionadas à eficiência econômica. Entre as condutas que o direito proíbe, apenas as mais graves violações constituirão crimes, punidos geralmente com a restrição da liberdade. Consequentemente, determinados comportamentos que não geram danos a outros indivíduos nem danos sociais não deverão ser objeto da tutela penal. Em várias situações no passado[3] e ainda hoje[4] se discute perante os tribunais se condutas que não causam lesão (ou perigo concreto de lesão) a um bem jurídico especialmente valioso podem ser consideradas criminosas.[5]

---

a incidência da norma penal por entender que, embora esteja contida na descrição típica, a conduta não afeta o bem jurídico de modo relevante. Além de ajudar a cumprir a função de intervenção mínima do direito penal, é uma medida de política criminal, já que não se justifica mover a máquina estatal (custo, tempo, pessoal) para perseguir condutas dessa natureza. "A proposta desinstitucionalizadora tendente à despenalização, descriminalização (em suas diferentes formas) e diversificação na solução dos conflitos sociais é uma das ferramentas no nosso modo de ver, a de mais urgente utilização nesse esforço de revisão e racionalização do Direito Penal, a fim de colocá-lo a serviço de uma maior justiça e solidariedade social. Outorgamos prioridade a esta iniciativa, pois se impõe antes de tudo a tarefa de descongestionar os pesados códigos e aliviar os tribunais transbordantes de assuntos de pouca relevância ou não sentidos pela vítima ou pela sociedade como delitivos e frequentemente, inclusive, chamados a intervir sem possibilidade de êxito, em conflitos que podem encontrar solução eficaz em outros foros" (Cervini, 1995:195).

[3] O Supremo Tribunal Federal (HC nº 83.347) decidiu que a punição da direção de veículo automotor sem habilitação (art. 32 da Lei de Contravenções Penais) era inconstitucional porquanto punia um comportamento sem que fosse demonstrado risco real à incolumidade pública, reconhecendo, entretanto, a validade da punição estabelecida no Código de Trânsito Brasileiro para a conduta de dirigir sem habilitação desde que o condutor estivesse efetivamente trazendo risco de dano aos demais (art. 309 da Lei nº 9.503/1997).

[4] Está em curso perante o Supremo Tribunal Federal o julgamento do Recurso Extraordinário nº 635.659, em que se discute a constitucionalidade da punição criminal para o porte de drogas para uso pessoal, caso em que haveria apenas autolesão (ofensa à própria saúde).

[5] "A violação de um bem jurídico-penal não basta por si para desencadear a intervenção, antes se requerendo que esta seja absolutamente indispensável à

Por outro lado, a decisão de não punir condutas em razão do custo inerente ao processo penal pode levar a situações questionáveis do ponto de vista da eficiência. Um bom exemplo é o tratamento jurisprudencial e legal dos crimes tributários.

Atualmente, o Superior Tribunal de Justiça (STJ) e o Supremo Tribunal Federal (STF) definiram que se o dano causado pelo crime de sonegação fiscal for inferior a R$ 20 mil – valor estimado para um processo de cobrança civil dessa dívida[6] – não há crime tributário a ser punido. Em razão desse entendimento, não haverá crime de sonegação fiscal (arts. 1º e 2º da Lei nº 8.137/1990) se o agente que pratica uma fraude para reduzir ou suprimir o imposto (crime cuja pena pode chegar a cinco anos de prisão) causar uma lesão inferior a R$ 20 mil (incluídos a multa e eventuais juros).

Ainda com relação a esse crime, o agente que sonegar imposto, uma vez descoberto o crime, conta com a previsão legal de extinção da punibilidade (impossibilidade de punição da conduta) se o imposto devido com juros e multa for pago (art. 9º da Lei nº 10.684/2003). A justificativa dessa previsão legal é que a necessidade do Estado de arrecadar recursos é socialmente mais importante do que a necessidade de impor penas aos autores desse tipo de crime (e gastar recursos com isso).

---

livre realização de cada um na comunidade. Nesta precisa acepção, o direito penal constitui, na verdade, a *ultima ratio* da política social e sua intervenção é de natureza definitivamente subsidiária" (Dias, 1999:78) e "o Direito Penal apenas intervém em última instância; pois a privação da liberdade, da vida, inclusive (pena de morte), supõe uma intervenção tão profunda na esfera individual que somente se deve recorrer a ela quando os bens jurídicos atingidos sejam da máxima envergadura e outra consequência jurídica distinta da pena não ofereça garantia suficiente de proteção" (Ordeig, 2002:25).

[6] O Instituto de Pesquisa Econômica Aplicada (Ipea) calculou o custo para execução fiscal de créditos da União na Justiça Federal, divulgando o resultado por meio do Comunicado nº 127 (Custo e tempo do processo de execução fiscal promovido pela Procuradoria-Geral da Fazenda Nacional). Disponível em: <www.ipea.gov.br/portal/index.php?option=com_alphacontent&ordering=3&limitstart=8090&limit=20&Itemid=0>. Acesso em: 5 mar. 2021.

Esse tratamento jurídico, contudo, gera questionamentos acerca da preponderância do conceito de utilidade em matéria penal. Ainda que o custo social de identificar, processar e punir determinadas condutas possa exceder o dano causado, a ausência de punição criminal pode acabar estimulando comportamentos criminosos que se pautam estritamente em análises de custo/benefício (sem levar em consideração aspectos subjetivos como paixão, impulso etc.), como é o caso do crime de sonegação fiscal.

Se o cenário para o potencial sonegador for de certeza absoluta de que o dano causado por sua ação jamais será punido (insignificância fixada em R$ 20 mil) ou que sua punição criminal deixará de existir, permanecendo apenas a penalidade administrativa (multa e juros), resta enfraquecido o efeito dissuasório do direito penal nesse tipo de crime. Aqui é importante ressaltar que em se tratando de delitos com (1) menor probabilidade de detecção (por envolverem informações prestadas pelo próprio agente e que são sujeitas a verificação de forma aleatória ou conforme filtros definidos e que podem ser conhecidos pelo agente), (2) inexistência de uma vítima individualizada (o que aumentaria a inibição moral da prática) e (3) com baixa reprovabilidade social (espécie de crime "menos infamante"), o efeito dissuasório deve fundamentalmente contar com o reforço do direito penal.

A forma tradicional de desestimular atos ineficientes é por meio de regras que punam tais comportamentos e reestabeleçam o equilíbrio criado pelo agente violador. Um cozinheiro que assina um contrato comprometendo-se a fornecer comida para uma festa e decide deixar de fazê-lo porque emprega seus recursos a fim de proporcionar comida a outro contratante que se dispôs a pagar mais pela mesma quantidade de comida pratica um ato ineficiente e deve ser compelido a indenizar sua vítima como forma de reparar o dano causado.

Contudo, nem sempre a reparação monetária do dano causado pela prática de um ato ineficiente é possível ou socialmente desejada.[7] Alguns parâmetros orientam essa aplicação. Em primeiro lugar, tem-se que o direito penal é ativado quando se afigure como necessário em razão da inadequação de outro ramo do direito (civil, administrativo, trabalhista etc.), seja em razão de seu menor potencial dissuasório, seja em razão do maior dano social causado a justificar uma punição mais grave. Com efeito, comportamentos mais graves (quando o criminoso pretendia deliberadamente prejudicar a vítima, por exemplo) merecem um tratamento legal mais severo que os diferenciem de danos causados de forma acidental.

Em segundo lugar, o crime gera um dano social que transcende o dano individual (criando consequências como o aumento dos gastos com segurança por outras pessoas que não foram vítimas do crime), de modo que uma indenização à vítima não seria suficiente para que os danos causados pelo crime fossem completamente reparados.

Por fim, não é possível calcular uma "indenização perfeita" tendo em vista as características e consequências do crime. Imagine-se a impossibilidade de calcular os danos decorrentes de um longo período de sequestro, de um estupro ou uma morte. Haveria quantia que pudesse reparar tais danos? Como seria possível dissuadir determinados indivíduos que possuíssem recursos suficientes para pagar tais eventuais indenizações a não realizar esses tipos de condutas?

Por outro lado, é sempre necessário cuidar para que a aplicação do direito penal como meio dissuasório não se banalize,

[7] "[...] o objetivo da punição do crime é dissuadir prejuízos intencionais, não compensá-los. Imagine um experimento mental sobre o crime. Quanto dinheiro seria necessário para que você concordasse em ser espancado com um martelo? A pergunta não faz muito sentido. O conceito de indiferença é de difícil aplicação para crimes como a agressão. Por conseguinte, a legislação relevante não pode ter como objetivo a indenização perfeita das vítimas e a internalização dos custos por parte dos autores da lesão. Em vez de precificar o crime, o objetivo da pena é dissuadi-lo" (Cooter e Ulen, 2010:473).

sendo certo que os critérios que o justificam já foram definidos anteriormente. Há também que se averiguar os danos potenciais de sua própria aplicação.

A pena criminal é o meio mais gravoso de intervenção legal sobre a liberdade individual, carregando consigo o maior potencial dissuasório, mas também o maior potencial de dano quando aplicada indevidamente. A privação da liberdade decorrente de condutas formalmente criminosas, mas de reduzido ou inexistente potencial lesivo, ou ainda em erros judiciários, por exemplo, gera danos de difícil reparação para aquele a quem é impingida, podendo ser forma de estigma e fonte de novos conflitos. Portanto, o direito penal atuará para reprimir violações apenas aos bens jurídicos mais valiosos e, ainda assim, limitado às situações em que essas violações sejam significativas.

Se o sistema repressivo puder ser entendido como destinado a definir, individualizar e reprimir o desvio penal, o conjunto de restrições à liberdade individual constituirá um "custo" cuja justificação deve ser racionalmente fundamentada.[8] Ferrajoli[9] destaca

---

[8] "Para considerar as premissas que acabam de ser referidas, impende considerar que no Estado Constitucional e Democrático de Direito, fundado nos direitos fundamentais, o Direito penal (particularmente o Direito penal que envolve o *ius libertatis*), em razão dos custos e da violência que significa, somente se *justifica* quando presentes algumas exigências ético-políticas" (Gomes, 2002:15).

[9] "Refletindo sobre o peso destes custos, compreende-se a centralidade que o direito penal ocupa na caracterização de um ordenamento jurídico e do sistema político que através deste se expressa. No tratamento penal manifesta-se – em estado puro e na maneira mais direta e conflitual – a relação entre Estado e cidadão, entre poder público e liberdade privada, entre defesa social e direitos individuais. O problema da legitimação ou justificação do direito penal, consequentemente, ataca, na raiz, a própria questão da legitimidade do Estado, cuja soberania, o poder de punir, que pode chegar até ao *ius vitae ac necis*, é, sem sombra de dúvida, a manifestação mais violenta, mais duramente lesiva aos interesses fundamentais do cidadão e, em maior escala, suscetível de degenerar-se em arbítrio. A falta de correspondência entre culpados, processados e condenados, e, em particular, a 'cifra de injustiça',

que essa justificação é especialmente importante na medida em que o "custo" do sistema punitivo estatal pesa sobre todos, e não apenas sobre os culpados. Além de estarmos todos sujeitos às proibições de condutas consideradas delituosas, também os inocentes podem ser, como de fato são, submetidos às agruras de um processo criminal e, muitas vezes, até condenados injustamente. Nesse sentido, a flexibilização das regras processuais que reduzam o grau de incerteza para uma condenação com objetivo de minimizar a impunidade gera riscos mais elevados de punições indevidas e, portanto, maior custo social.

Ademais, é preciso analisar o custo da penalização em relação ao custo da tolerância do delito, pois a criminalização e a punição podem se tornar ineficientes. Determinados crimes podem apresentar penas superiores ao custo da tolerância, como parecia ser o caso do crime de adultério (que vigorou até 2005, mas há muito tempo já havia "caído em desuso"), e determinadas penas podem apresentar vantagens inferiores para a sociedade

---

formada pelas, ainda que involuntárias, punições de inocentes, cria, de outra parte, complicações gravíssimas e normalmente ignoradas ao problema da justificação da pena e do direito penal. Se, com efeito, os custos da justiça e aqueles opostos da ineficiência podem ser, respectivamente, justificados em modo positivo, ou tolerados com base em doutrinas e ideologias de justiça, os custos da injustiça, por seu turno, são, neste diapasão, injustificáveis, consentindo ao direito penal que os produz apenas uma justificativa eventual e negativa, ancorada nos custos maiores que, hipoteticamente, a falta de um direito penal e das suas garantias acarretaria. Porém, a cifra da injustiça, como facilmente perceptível na análise até o momento realizada, é, principalmente, o produto da carência normativa ou da não efetividade prática das garantias penais e processuais, que acabam por prestar-se ao arbítrio e ao erro. E, ao menos no que tange aos ordenamentos modernos, quanto mais cresce o Poder Judiciário das disposições já evidenciadas, tanto maior se tornam a ilegitimidade jurídica e a injustificabilidade política. O problema da justificação, portanto, se confunde, em larga escala, com o problema do garantismo, posto que, como veremos, as suas soluções dependem dos modelos normativos de direito e de processo penal escolhidos e do seu efetivo funcionamento" (Ferrajoli, 2002:89).

no que tange à "readaptação" do criminoso, como é o caso do usuário de drogas (que não é mais punido com pena de prisão desde 2006). Por fim, penas extremamente severas para crimes leves minimizam o efeito dissuasório da prática de crimes mais graves.[10]

Em qualquer caso, a pena aplicada deverá atender a uma função social ou, segundo Cooter e Ulen (2010), "o crime deve ser punido na medida em que a pena maximiza o bem-estar social". Logo, a pena constitui um instrumento para obter algo (no caso, a maximização do bem-estar social) e por isso a teoria econômica é compatível com as correntes que defendem uma "teoria relativa da pena", em oposição a uma "teoria absoluta da pena".

Teorias absolutas ou retribucionistas justificam a imposição de uma pena ao criminoso como um fim em si mesma, dissociada da busca de alguma finalidade socialmente útil. Segundo essas teorias, a pena imposta ao indivíduo teria por finalidade única punir o autor do crime como forma de retribuir, compensar, fazer expiar, de forma justa, o crime praticado. É considerada uma "teoria absoluta" porque o sentido da pena é independente de seu efeito social. Em outras palavras, embora o fundamento da pena seja promover uma "compensação de males", essa "compensação" não depende de nenhuma verificação real (como calcular a dor sofrida pela vítima a fim de aplicar uma dor semelhante ao criminoso?). A maior crítica a essa teoria está no fato de que o sistema penal tem por objetivo a proteção de bens

---

[10] "Imagine, por exemplo, que a prisão perpétua é a pena máxima disponível em uma sociedade, e que a lei ordena a prisão perpétua por apropriação indébita. Agora imagine que um policial persegue um ladrão armado. Se o policial prender o ladrão, o criminoso ficará preso pelo resto da vida, de acordo com a lei draconiana em validade. Assim, o ladrão não tem por que não tentar atirar no policial. Se matá-lo, pode fugir. Se não, não há qualquer punição adicional disponível, pois a pena para apropriação indébita já é a máxima" (Cooter e Ulen, 2010:491).

jurídicos; logo, se a pena não possuir alguma finalidade social, não terá legitimidade no cenário de tutela dos bens jurídicos e da coletividade.

Já quando se fala em "teorias relativas", as premissas são diferentes. Veja-se, por exemplo, a "teoria da prevenção especial", que estabelece que a pena tem como finalidade prevenir que o indivíduo que praticou um crime volte a delinquir. Uma vez aplicada a pena em alguém, essa pessoa deixará de praticar crimes, por receio de que volte a sofrer essa mesma sanção. Fala-se, portanto, em prevenção do crime (uma finalidade social) de maneira especial (pois incide apenas sobre o agente que praticou um crime). A teoria da prevenção especial não é absoluta, mas relativa, já que se relaciona com a finalidade social de impedir novos delitos. A crítica formulada a essa teoria está na inexistência de uma medida de proporcionalidade intrínseca, já que, se a finalidade é a ressocialização, seria possível manter uma pessoa encarcerada indefinidamente até que se julgasse que o indivíduo foi ressocializado.

Outra teoria relativa é a "teoria da prevenção geral", a qual também possui uma finalidade social, mas derivada da teoria psicológica da coação. De acordo com essa teoria, deve-se ensinar a população sobre as proibições legais por meio de ameaças penais e de imposição de penas. Portanto, o fundamento da pena não consiste na retribuição, nem na atuação sobre o indivíduo que já delinquiu, mas na influência que a imposição de uma pena terá sobre toda a coletividade. A vantagem dessa teoria reside na chamada "psicologia profunda", segundo a qual determinadas pessoas somente freiam seus desejos quando veem que as consequências decorrentes da violação da lei seriam piores do que a satisfação de seus desejos. A crítica que se faz a essa teoria decorre do fato de que nem todos os criminosos fazem uma reflexão sobre o "custo/benefício" de sua ação (caso dos crimes passionais, por exemplo), não sendo, portanto, afetados pela teoria da prevenção geral.

Por fim, há a "teoria da integração/prevenção", sustentando que a pena constitui uma reação imprescindível para o restabelecimento da ordem social, quebrada pelo cometimento de um delito. Nessa teoria, o fundamento da pena consiste na confirmação da validade da norma, esta entendida como modelo de orientação social. As críticas são numerosas. A mais relevante talvez seja a que se opõe ao uso do indivíduo pelo Estado como meio para reafirmar, perante o resto da sociedade, a ideia de fidelidade ao direito. Se a finalidade é restaurar a ordem quebrada pela violação da norma, isso significa que o direito penal deixa de proteger bens jurídicos para proteger a norma jurídica em si.

Direito e moral caminham juntos, embora suas normas sejam, às vezes, diferentes. Comportamentos considerados imorais sob determinado prisma podem, ou não, ser considerados ilícitos, assim como condutas moralmente justificáveis por essa mesma maioria podem, às vezes, ser proibidas pelas leis e, até mesmo, constituírem práticas criminosas.

Assumindo, portanto, que o direito penal irá, em regra, atuar apenas sobre aquelas condutas consideradas mais graves, e tendo em conta que essa atuação constitui a mais violenta expressão do poder estatal sobre a liberdade individual, tem-se que a ativação do aparelho repressivo estatal deve ocorrer somente quando caracterizada a imperiosa necessidade.

## Sujeito racional e a decisão de praticar crimes

Resumidamente, a teoria econômica do crime estabelece como premissa que os indivíduos não se tornam criminosos em razão de sua origem social ou de características pessoais, mas sim em razão de escolhas e decisões.[11] Trata-se de uma perspectiva claramente utilitarista e consequencialista, orientada para a análise das escolhas individuais na seara criminal. A probabilidade de lucro proveniente do crime é a força que leva o sujeito a delinquir, ao passo que a ameaça de dor decorrente da pena é a força que poderá dissuadi-lo. Se a primeira força (ganho potencial) for maior do que a segunda (custo potencial), um crime será cometido.

Não se questiona que o comportamento humano não pode ser calculado com precisão. Há situações em que o agente tem a certeza de que não será sancionado pela prática de um ato criminoso e mesmo assim não o pratica.[12] Da mesma forma, há situações em que o agente pratica o crime tendo certeza de que

---

[11] "A economia – diz-se – é a ciência da eleição racional de um mundo em que os recursos são limitados em relação às necessidades e desejos humanos. A conduta humana segue o critério da eleição racional, que é a busca dos próprios interesses na maior medida possível. Para empreender essa busca, os sujeitos são motivados por estímulos. Partindo dessa premissa, a análise econômica do Direito Penal sustenta que os que cometem delitos são sujeitos racionais, os quais, em sua atuação delitiva, também obedecem considerações de eficiência, isto é, calculam os custos e as vantagens que cada ação lhes proporciona" (Sanchez, 2004:10-11).

[12] Em 2011, um motorista de ônibus que havia perdido sua casa em razão das chuvas que assolaram a Região Serrana do estado do Rio de Janeiro encontrou uma mala contendo R$ 74 mil e nenhuma identificação de quem seria o dono. Graças a sua própria iniciativa, localizou o proprietário e devolveu os valores. Ver: <www.terra.com.br/noticias/brasil/cidades/motorista-acha-mala-com-r-74-mil-em-onibus-e-devolve-ao-dono,f32b44fa607da310VgnCLD200000bbcceb0aRCRD.html>. Casos como esse se repetem cotidianamente. Ver, por exemplo: <https://soupetropolis.com/2020/06/22/manobrista-encontra-idoso-que-perdeu-r-15-mil-em-onibus-e-devolve-o-dinheiro/>; <https://tribunadepetropolis.com.br/noticias/motorista-de-onibus-encontra-carteira-com-r-211-e-devolve-ao-dono/>; <http://radiosantacruz.com.br/online/cobrador-de-onibus-encontra-carteira-com-r-850-e-devolve-para-idosa-em-pelotas/>. Todos os acessos em: 5 mar. 2021.

será punido, seja por realizá-lo diante de inúmeras testemunhas, seja porque confessa sua prática imediatamente.[13]

A própria teoria econômica do crime reconhece que nem todo sujeito racional opta por maximizar seu interesse de forma criminosa. Muitos indivíduos respeitam as regras e não praticam crimes por motivações intrínsecas, de ordem moral (sejam elas religiosas, culturais, sociais etc.). Sabe-se que a interação social e familiar constrói "travas" ou "inibições" morais, de forma que comportamentos socialmente indesejados não sejam realizados pelos indivíduos, ainda que o benefício esperado pelo crime supere muitas vezes o custo esperado.

Ou seja, não é porque determinado sujeito percebe a alta probabilidade de que jamais será identificado, processado e punido por um crime que necessariamente praticará o crime. Além disso, alguns criminosos não procuram situações ideais para praticar crimes, mas aproveitam as que surgem.

Porém, também é certo que as ações humanas são motivadas por estímulos, incentivos, benefícios, riscos, ameaças, sanções e penas, devidamente previstos em lei e disponíveis como informação para embasar a escolha do indivíduo. A ameaça da sanção penal não será capaz de mudar a compreensão de uma determinada pessoa sobre sua vontade de praticar determinada conduta, mas poderá desestimulá-la. Da mesma forma, a ausência de sanção em determinados cenários poderá estimular a prática de comportamentos socialmente danosos, mas individualmente vantajosos.

---

[13] Crimes passionais, geralmente, são dissociados da avaliação prévia de custo/benefício, e mesmo a certeza da sanção não é capaz de desestimular sua prática. Ver: <www.diariodepernambuco.com.br/noticia/vidaurbana/2020/03/mulher-mata-marido-e-se-entrega-em-olinda.html>. Acesso em: 5 mar. 2021.

O mais adequado, talvez, seja afirmar que a decisão de cometer um crime não independe da análise de custos e benefícios.[14] Assim formulado, o modelo econômico de escolha racional pode ser bastante útil, sobretudo na formulação de políticas públicas para a área criminal. Em outras palavras, compreender as razões pelas quais um indivíduo pratica uma conduta criminosa, estando sujeito ao risco de privação da sua liberdade, pode ser útil para que se desenhem regras de direito penal e processual penal, bem como políticas públicas relacionadas ao crime que sejam capazes não apenas de definir quais comportamentos são proibidos, mas também criar um sistema normativo que desestimule sua prática.

Herdeiro da tradição de Beccaria (1794) e Bentham (1823), Gary Becker (prêmio Nobel de Economia em 1992) ampliou a análise microeconômica para um vasto campo de interações do comportamento humano, incluindo comportamentos não relacionados ao mercado, entre eles a decisão de praticar um crime.[15] Seguindo os passos de Bentham, Becker aperfeiçoou o raciocínio econômico aplicado à teoria do crime com base na escolha racional. Sua tese sustenta-se, em linhas gerais, na crença de "que a maioria das pessoas cometeria um ilícito apenas se a utilidade esperada percebida pelo agente excedesse a utilidade esperada do emprego de seu tempo e recursos em

---

[14] "O modelo econômico pode ser entendido como uma história sobre as deliberações de um indivíduo racional e amoral que precisa decidir de antemão se vai praticar um crime. No caso de crimes premeditados, o modelo econômico pode corresponder ao processo de raciocínio real do criminoso. No caso de crimes espontâneos, nos quais não há deliberação, o modelo econômico ainda pode ser compreendido como uma descrição do comportamento criminoso, mas não de seu raciocínio" (Cooter e Ulen, 2010:481).

[15] "A abordagem adotada aqui segue a análise usual de escolha dos economistas e assume que uma pessoa comete uma ofensa se a utilidade esperada para ela exceder a utilidade que ela poderia obter usando seu tempo e outros recursos em outras atividades. Algumas pessoas se tornam 'criminosas', portanto, não porque sua motivação básica seja diferente da de outras pessoas, mas porque seus benefícios e custos diferem" (Becker, 1968:176, trad. livre).

outras atividades, como um trabalho tradicional" (Alencar e Gico Jr., 2012:61).

Na conhecida fórmula elaborada por Gary Becker, a escolha pela prática criminosa ocorre quando o sujeito racional calcula que o benefício esperado com o crime (o que pode incluir não apenas o valor monetizado do ganho criminoso, mas também a satisfação de obter aquele bem) é superior ao custo esperado desse crime (o que inclui não apenas a perda dos valores eventualmente ganhos, mas também as penas a que está sujeito, sejam elas penas monetárias ou de prisão), sendo certo que os custos esperados do crime devem ser multiplicados pela probabilidade de punição.[16]

Com efeito, o sujeito racional calcula o custo esperado do crime levando em consideração a probabilidade de ser identificado, processado e punido. Caso a probabilidade de punição seja baixa, menor será o custo esperado do crime.[17] Em outras palavras, essa teoria sustenta que as decisões são tomadas a partir de considerações sobre a eficiência do sistema penal.[18]

Determinados crimes podem ser rigorosamente planejados de modo que sejam levados em consideração todos os fatores necessários para o cálculo dos benefícios esperados, dos custos

---

16 "A propalada generalização de que os infratores são mais fortemente dissuadidos pela probabilidade de condenação do que pela punição quando condenados acaba implicando a abordagem da utilidade esperada de que os infratores são predadores de risco, pelo menos na área das punições" (Becker, 1968:176, trad. livre).

17 "A importância da probabilidade de punição é objeto de inúmeros estudos que comparam a probabilidade de ser preso *vis-à-vis* à ocorrência de todos os tipos de delitos (e.g. Ehrlich, 1972, 1973, 1974, 1975, 1976, 1982; Ehrlich & Posner, 1974; Ehrlich & Gibbons, 1977; Ehrlich & Mark, 1977; Ehrlich & Liu, 1999), ainda que exista algum debate sobre tais estudos (Brier & Fienberg, 1980)" (Alencar e Gico Jr., 2012:64).

18 "Apesar de penas mais longas não serem dissuasivas, as mais certas podem ser, o que sugere que seria melhor investir menos em prisões e mais em policiamento para se conquistar reduções significativas do nível de criminalidade juvenil" (Cooter e Ulen, 2010:484).

esperados e da probabilidade de cada resultado (benefício ou custo), evidenciando um grau de deliberação perfeitamente compatível com o modelo de escolha racional. Os crimes econômicos talvez sirvam como melhor modelo para explicar essa hipótese.

Um exemplo atualmente em vigor no ordenamento jurídico brasileiro diz respeito aos crimes de apropriação indébita de contribuição previdenciária e sonegação de contribuição previdenciária, com as correspondentes redações.

**Quadro 1**
**Comparação dos tipos penais existentes no Código Penal brasileiro**

| Apropriação indébita previdenciária | Sonegação de contribuição previdenciária |
|---|---|
| Art. 168-A. Deixar de repassar à previdência social as contribuições recolhidas dos contribuintes, no prazo e forma legal ou convencional: | Art. 337-A. Suprimir ou reduzir contribuição social previdenciária e qualquer acessório, mediante as seguintes condutas: |
| § 1º. Nas mesmas penas incorre quem deixar de:<br>I - recolher, no prazo legal, contribuição ou outra importância destinada à previdência social que tenha sido descontada de pagamento efetuado a segurados, a terceiros ou arrecadada do público; | I - omitir de folha de pagamento da empresa ou de documento de informações previsto pela legislação previdenciária segurados empregado, empresário, trabalhador avulso ou trabalhador autônomo ou a este equiparado que lhe prestem serviços; |
| II - recolher contribuições devidas à previdência social que tenham integrado despesas contábeis ou custos relativos à venda de produtos ou à prestação de serviços; | II - deixar de lançar mensalmente nos títulos próprios da contabilidade da empresa as quantias descontadas dos segurados ou as devidas pelo empregador ou pelo tomador de serviços; |
| III - pagar benefício devido a segurado, quando as respectivas cotas ou valores já tiverem sido reembolsados à empresa pela previdência social: | III - omitir, total ou parcialmente, receitas ou lucros auferidos, remunerações pagas ou creditadas e demais fatos geradores de contribuições sociais previdenciárias: |
| Pena - reclusão, de 2 (dois) a 5 (cinco) anos, e multa. | Pena - reclusão, de 2 (dois) a 5 (cinco) anos, e multa. |

Fonte: elaborado pelo autor.

Veja-se que o crime tipificado no art. 168-A se consuma com o mero inadimplemento do repasse da contribuição previdenciária. Já o crime do art. 337-A exige que o agente realize alguma espécie de fraude, simulação ou falsidade para não fazer esse mesmo repasse.

Nessa hipótese, pode-se afirmar que a legislação não considerou adequadamente a teoria econômica ao fixar as penas dos respectivos crimes. Ao estabelecer penas iguais para o não pagamento da contribuição independentemente de haver, ou não, fraude, a legislação sinaliza ao agente que por qualquer motivo não disponha dos valores para fazer o repasse que a conduta mais racional seria fraudar a fiscalização para que não seja detectado o não pagamento. Afinal, caso seja descoberto, enfrentará a mesma pena daquele outro agente que não realizou a fraude.

Para que a finalidade dissuasória da pena funcione de forma eficiente, o foco do sistema penal deve recair sobre (1) o aumento da probabilidade de responsabilização pelo ato criminoso e (2) o aumento dos custos de oportunidade para a prática do crime (aqui considerada a existência de outras opções de obtenção do mesmo resultado sem a prática do crime). Nas palavras de Beccaria (1794:40), "não é o rigor do suplício que previne os crimes com mais segurança, mas a certeza do castigo".

Com efeito, a infalibilidade da aplicação da pena tem um efeito dissuasório muito maior do que sua gravidade, pois mesmo uma pena extremamente severa, porém muito pouco provável, será incapaz de desestimular a prática do crime.

O simples aumento da pena cominada a um crime, ou seja, o acréscimo de anos à privação de liberdade dos criminosos, já se mostrou um elemento que, isoladamente, tem pequenas chances de gerar o desincentivo da prática criminosa, na medida em que a pena deverá ser multiplicada pela probabilidade de que venha a ser efetivamente aplicada e cumprida. Se a taxa de crimes efetivamente descobertos for muito baixa – como são as taxas brasileiras, por exemplo[19] –, o potencial de desestímulo será baixo.

O melhor exemplo na história recente do Brasil é a Lei dos Crimes Hediondos (Lei nº 8.072/1990). Apesar de aumentar as penas e instituir regimes mais gravosos de cumprimento (proibindo a progressão de regime, estabelecendo o regime integralmente fechado e proibindo a liberdade provisória, além de aumentar as penas), a lei não foi capaz de reduzir a criminalidade (Figueiredo et al., 2005), tendo em vista a diminuta taxa de sucesso na identificação, processamento e condenação dos autores dos crimes.

O aumento da probabilidade de responsabilização, por sua vez, é multifacetado e envolve (1) a maior eficiência na fase de investigação de um crime, bem como (2) a celeridade na conclusão do processo judiciário. Sem que o indivíduo anteveja como altamente provável não apenas sua identificação como também a efetiva aplicação da pena, não haverá desestímulo na sua conduta,[20] assim como não haverá na conduta de outros indivíduos.[21]

Os conceitos mencionados são fundamentais para que se conheçam os instrumentos utilizados para formular a política

---

[19] Se examinado apenas o crime de homicídio – o qual, por suas características de alta comoção social e gravidade, seria prioritariamente investigado –, é possível entender a inexpressividade do aumento de penas para desestimular essa prática: "De acordo com levantamentos do Conselho Nacional do Ministério Público, enquanto as taxas de elucidação de homicídios no Brasil não ultrapassam 8%, em países como o Reino Unido e a França, esses índices chegam a 90% e 80%, respectivamente. Nos Estados Unidos, esta taxa é de 65%, enquanto na Argentina ela chega a 45%. Os baixos índices de apuração dos crimes de homicídio no Brasil acarretam um número extremamente reduzido de denúncias oferecidas pelo Ministério Público, um percentual ainda menor de condenações e, consequentemente, um elevadíssimo grau de impunidade para este tipo de crime (CNMP, 2012)" (Moraes et al., 2014).

[20] Teoria da prevenção especial.

[21] Teoria da prevenção geral.

criminal brasileira. Ao identificar determinadas condutas consideradas danosas à coletividade, o Congresso decide transformá-las em crime. Para aumentar a eficiência na repressão do crime, esse mesmo Congresso pode decidir autorizar novas medidas investigativas e, por fim, para desestimular o cometimento de determinado crime, pode-se aumentar a pena prevista para sua prática e dotar mais recursos para as agências encarregadas de investigar, processar e punir tais condutas. Contudo, esses processos são influenciados pelo fenômeno da seletividade do sistema penal.

Com efeito, o conceito de seletividade está relacionado à ineficiência do sistema penal (e, sobretudo, das agências formais de controle) em identificar condutas criminosas, processar seus autores e aplicar as penas correspondentes. Essa ineficiência é denominada "cifra negra" e pode ser definida como a diferença entre a criminalidade real – todos os delitos praticados em determinado intervalo de tempo e em determinado local – e a criminalidade aparente – considerada como o número de casos que são efetivamente levados ao conhecimento das agências formais de controle.[22] Inobstante essa ineficiência seja inerente ao sistema penal, os meios de comunicação e a sociedade em geral têm a percepção de que o sistema penal opera de forma que essa ineficiência seja seletiva, privilegiando os autores de crimes econômicos e atuando de forma mais grave e intensa sobre a população sem recursos econômicos.[23]

---

[22] "Os resultados encontrados demonstram que em média 62,55% das ocorrências de roubo, furto e agressão física não chegam aos registros policiais e pessoas com menor grau de escolaridade e faixa etária contribuem de maneira geral para o aumento da cifra oculta" (Caetano et al., 2020).

[23] Uma equipe de pesquisa envolvendo professores da UFRJ e da UnB que estudou a aplicação da Lei nº 11.343/2006 (Lei de Drogas) constatou que, "de acordo com a pesquisa e análise das sentenças judiciais coletadas no Rio de Janeiro e em Brasília, somente os 'descartáveis' pequenos e microtraficantes, que representam os elos mais fracos da estrutura do comércio de drogas

Sutherland (1983) explicava que a aplicação diferenciada da lei poderia ser debitada a diversos fatores, como o *status* (o poder imuniza os "homens de negócios" em relação aos crimes, já que incriminá-los poderá trazer problemas para o incriminador no futuro), a *homogeneidade cultural* (juízes, administradores, legisladores e homens de negócios possuem a mesma formação cultural, muitas vezes partilham as mesmas origens sociais e essa homogeneidade faz com que não seja uma tarefa fácil caracterizar os criminosos econômicos dentro do estereótipo do criminoso comum), *a relativa desorganização na reação aos crimes econômicos* (cujas atividades delitivas são de difícil percepção, pois raramente atingem diretamente uma vítima concreta, como ocorre nos delitos contra o meio ambiente) e a *baixa reprovação social dessas condutas* (pessoas adotam comportamentos semelhantes em suas práticas cotidianas, como não pagar impostos, comprar produtos contrabandeados ou piratas etc.).

As estatísticas indicam que a seletividade do sistema penal é especialmente atuante nas camadas sociais de maior escolaridade e especialmente alta nos crimes econômicos (situação em que a "cifra negra" se transforma em "cifra dourada").[24]

---

ilícitas, sofrem a intensidade da repressão, e ainda recebem penas desproporcionais". As conclusões dessa pesquisa tornam a reforçar o argumento de que o sistema penal opera de forma seletiva privilegiando os segmentos com maior poder econômico e estimulam pesquisas que possam revelar em que momento essa seletividade ocorre (Boiteux et al., 2009:109).

[24] "Percebe-se, por meio da estatística oficial, que os crimes característicos da classe social dominante não contemplam 0,5% dos presidiários brasileiros. Será que as pessoas pertencentes à classe social não dominante cometem 99,5% dos crimes no Brasil? [...] A seletividade decorrente dos processos de criminalização traz algumas consequências. Nota-se que, enquanto os órgãos oficiais estatais punem excessivamente grupos específicos da sociedade, as classes detentoras do poder econômico, político ou cultural acabam por ser esquecidas" (Landin, 2015:78).

## Contribuição da análise econômica para as colaborações premiadas

Um exemplo do modelo econômico de escolha racional aplicado em matéria criminal é justamente o sistema de incentivos positivos aos criminosos para que cooperem com a parte acusatória. De fato, para ampliar o custo esperado do crime, atuando sobre a probabilidade de que a infração penal seja identificada e seu autor punido, podem-se criar incentivos para que determinados criminosos cooperem com a acusação relatando fatos e autoria de crimes em troca de benefícios. É nesse contexto que se insere o instituto da colaboração premiada.

O incentivo dado a suspeitos e/ou acusados no processo penal é um instrumento de investigação capaz de assegurar maior eficiência às investigações, sobretudo de crimes tradicionalmente "invisíveis", dos quais são exemplos os crimes praticados por organizações criminosas e os crimes econômicos. Com a edição da Lei nº 12.850/2013, o sistema penal brasileiro passou a prever uma nova modalidade de cooperação entre acusação e defesa no processo penal denominada "colaboração premiada", diferente dos mecanismos tradicionais da delação premiada e da confissão. Estimula-se a colaboração do indivíduo objeto da investigação ou persecução penal por meio de "incentivos positivos" ao acusado que coopera (como a redução da pena e outros benefícios relacionados à execução penal ou até mesmo a imunidade penal).

Contudo, o excesso de incentivos concedidos e a ausência de controles externos ou procedimentos prévios para a homologação das colaborações podem acabar sendo ineficientes e gerar custos ainda maiores.

Para poder usufruir do benefício, a lei estabelece as seguintes condições ao acusado que coopera (art. 4º da Lei nº 12.850/2013): (1) que a colaboração seja voluntária; (2) que a personalidade do colaborador, a natureza, as circunstâncias, a gravidade e a repercussão social do fato criminoso recomendem a celebração do acordo; (3) que a colaboração seja efetiva, assim entendida como aquela que produziu um ou mais dos seguintes resultados:

> I - a identificação dos demais coautores e partícipes da organização criminosa e das infrações penais por eles praticadas;
> II - a revelação da estrutura hierárquica e da divisão de tarefas da organização criminosa;
> III - a prevenção de infrações penais decorrentes das atividades da organização criminosa;
> IV - a recuperação total ou parcial do produto ou do proveito das infrações penais praticadas pela organização criminosa;
> V - a localização de eventual vítima com a sua integridade física preservada.

Por se tratar de uma organização criminosa (a colaboração premiada só se aplica para esse tipo de crime), presume-se uma estabilidade associativa para a prática de crimes que poderão ser evitados e exige-se a revelação de como essa organização criminosa está estruturada internamente.

Já os benefícios oferecidos (art. 5º da Lei nº 12.850/2013) incluem: (1) a possibilidade de o Ministério Público deixar de oferecer denúncia se o colaborador (a) não for o líder da organização criminosa e (b) for o primeiro a prestar efetiva colaboração; (2) a possibilidade de que a colaboração ocorra após a sentença, caso em que se oferece a redução da pena até a metade e a progressão de regime ainda que ausentes os requisitos; (3) o direito de cumprir pena em estabelecimento penal diverso dos demais corréus ou condenados.[25]

[25] Outras medidas, que não estão diretamente relacionadas com o cumprimento da pena decorrente do crime, são: (1) ter nome, qualificação, imagem e demais informações pessoais preservados; (2) ser conduzido, em juízo, separadamente dos demais coautores; (3) participar das audiências sem

Além da imunidade à persecução penal,[26] a principal inovação em relação aos institutos anteriores não está propriamente no tipo de benefício oferecido pela lei, mas sim na forma como ocorre a colaboração.

Ao contrário da delação premiada (presente na legislação penal desde a década de 1990), a colaboração premiada introduzida em meados da década de 2010 é realizada por meio de um acordo escrito, subscrito pelos representantes da parte acusatória, pelo suspeito ou acusado e seu defensor, e homologado pelo juiz. Esse é um grande diferencial em termos de incentivo ao criminoso que colabora, pois tanto as confissões quanto a delação trazem uma grande margem de incerteza no tocante ao benefício exato que será recebido.

Já a colaboração, em razão do acordo escrito, permite um ajuste concreto dos benefícios e das hipóteses em que o acordo será considerado válido ou inválido. Ademais, a homologação judicial retira parte da incerteza do acordo existente na confissão e na delação, institutos que o juiz somente avalia no momento de proferir a sentença. Ao se comprometer previamente com aquelas condições, vinculam-se não apenas os limites do acordo, mas também o próprio órgão jurisdicional.

---

contato visual com os outros acusados; (4) não ter sua identidade revelada pelos meios de comunicação, nem ser fotografado ou filmado sem sua prévia autorização por escrito.

[26] Até a edição da Lei nº 12.850/2013, institutos que permitiam a negociação envolvendo a propositura da ação penal somente eram cabíveis para infrações leves. A transação penal (art. 76 da Lei nº 9.099/1995) é cabível para as infrações penais com pena máxima de dois anos (classificadas de infrações de menor potencial ofensivo); a suspensão condicional do processo (art. 89 da Lei nº 9.099/1995) é permitida para infrações penais com pena mínima não superior a um ano; e a remissão é utilizada nos atos infracionais praticados por adolescentes (arts. 126, 127 e 128 da Lei nº 8.069/1990). Em todos esses casos, não se exige nem se considera que o acordo implique reconhecimento dos fatos pelo suspeito ou acusado.

A existência de um acordo escrito traz maior segurança para as partes – e, sobretudo, ao criminoso colaborador – no que tange à exigibilidade de seu cumprimento pelo Poder Judiciário, diferenciando-o da delação e da confissão. No entanto, nem por isso modifica-se sua natureza jurídica de *medida de cooperação* ou o marco teórico no qual está baseada: o *utilitarismo penal*.

Entretanto, por se tratar de instituto jurídico novo, pode acontecer de juízes, membros do Ministério Público e advogados, desconhecendo o quadro evolutivo no qual se insere a colaboração premiada, extrapolarem os limites de sua aplicação e a função de sua utilização.

Se é certo que tudo aquilo que a lei não proíbe é lícito ao indivíduo realizar, também é certo que os agentes públicos só podem atuar nos limites que a lei estabeleceu. Entretanto, as cláusulas mencionadas fogem completamente aos limites estabelecidos pela Lei nº 12.850/2013 e a discricionariedade com que foram redigidas tais cláusulas não possui previsão legal. Com efeito, as hipóteses da lei são taxativas, não exemplificativas. São fruto de uma ponderação do legislador sobre quais benefícios deveriam ser concedidos para estimular o criminoso a cooperar e quais não deveriam ser concedidos.

Negociações sobre substituição de prisão cautelar por prisão domiciliar com tornozeleira, invenção de regimes de cumprimento de pena que não existem, vinculação de manifestação do MPF em processos que não são da atribuição daqueles membros que assinam o acordo, permissão para uso de bens de origem criminosa e a liberação de bens que podem ser produto de crime constituem medidas claramente ilegais e que aumentam enormemente os riscos de que tais colaborações contenham elementos falsos (ou parcialmente verdadeiros).

O risco na celebração de acordos com tais previsões não é moral, mas sim de eficiência do instituto da colaboração premiada, na medida em que aumentam de forma exponencial os benefícios aos colaboradores prejudicando o equilíbrio de custo e benefício estabelecido pelo legislador.

Acredita-se que esse desequilíbrio pode ampliar significativamente os incentivos à cooperação, mas igualmente amplia os riscos de que tais colaborações não sejam verdadeiras nem úteis.

Ao permitir que determinados acusados recebam benefícios para fornecer informações e indícios que poderão se transformar em provas contra outros acusados, o legislador introduz um fator que aumenta o custo esperado do crime. E, como visto, o aumento da probabilidade de punição é um dos pontos mais sensíveis quando se utiliza a teoria econômica, devido ao peso que ela possui no cálculo do curso do crime.[27]

Ora, segue daí que o suspeito ou acusado que opta por cooperar com a parte acusatória também faz uma escolha racional. E, no modelo da colaboração premiada, com certeza não se trata de uma ação espontânea e irrefletida, já que pressupõe a assistência de um advogado.[28]

A escolha consciente e voluntária pela colaboração premiada pressupõe um cálculo de custo/benefício, evidenciando o caráter utilitário da medida. O criminoso avaliará o benefício esperado (vantagens que receberá pela cooperação) e o custo esperado (aí considerados, de um lado, o risco em não cooperar, ou, de outro lado, os efeitos do descumprimento do acordo).

---

[27] "Em segundo lugar, inclusive os autores contrários à tese do delinquente racional não deixam de reconhecer que a maior ou menor probabilidade de ser preso e punido incide sim sobre o indivíduo. Isso é um reconhecimento tácito de que o delinquente – numa medida indeterminada, digamos – não é de todo alheio a um cálculo racional de custos, como já foi exposto" (Sanchez, 2004:19).

[28] A Lei nº 12.850/2013 determina a assistência de advogado em todas as fases da colaboração: "Art. 4º. [...] § 15. Em todos os atos de negociação, confirmação e execução da colaboração, o colaborador deverá estar assistido por defensor".

O custo esperado, no caso do sujeito que opta pela cooperação, está (1) na perda de seu direito de não se autoincriminar,[29] fornecendo meios de investigação e, às vezes, provas, que permitirão à parte acusatória provar a materialidade do crime e sua autoria em juízo; (2) na incerteza associada à possível não homologação do termo de colaboração ou a uma decisão posterior que despreze ou minimize os efeitos da colaboração.

Ora, os benefícios excedem em muito os custos. Por essa razão, a colaboração premiada exige um nível de cooperação maior do acusado, qual seja, a identificação de outros membros da organização criminosa, bem como a indicação dos meios pelos quais se poderá provar a prática do crime por essas outras pessoas e ainda a revelação de outros crimes praticados por essa organização que ainda não sejam de conhecimento da parte acusatória.

Nesse cenário, o risco que se apresenta é o de que o criminoso colaborador busque incriminar outras pessoas (inocentes ou com participação de menor importância) a fim de maximizar seus benefícios.

Essa hipótese ganha maior força nos casos em que o acusado se vê diante de penas potenciais altíssimas e os benefícios concedidos são muito atrativos (como aqueles que constam dos acordos de colaboração examinados).

Afinal, o custo de acrescentar mais alguns anos em sua pena[30] pode ser ínfimo,[31] uma vez que isso aumentará pouco ou mesmo

---

[29] Lei nº 12.850/2013, art. 4º, § 14: "Nos depoimentos que prestar, o colaborador renunciará, na presença de seu defensor, ao direito ao silêncio e estará sujeito ao compromisso legal de dizer a verdade".

[30] Normalmente, os acusados não estão sujeitos somente às penas do crime de integrar organização criminosa, com pena de três a oito anos de reclusão, mas sim às penas potencialmente altas de outros crimes, como corrupção (até 12 anos), peculato (até 12 anos), fraude em licitações (até seis anos), entre outras.

[31] Caso se descubra que as informações fornecidas pelo criminoso que coopera não eram corretas e delas não decorreu a prova esperada pela parte

nada o tempo total que permanecerá preso, seja em razão do limite máximo previsto no CP 1940,[32] seja porque, mesmo se computando o acréscimo de pena para a contagem de benefícios na execução penal,[33] os efeitos serão, em regra, muito pequenos.

A conclusão é que, em determinados cenários, onde há muita assimetria de informação,[34] isto é, quando a parte acusatória não promoveu investigações independentes relacionadas à atuação de determinada pessoa ou sobre determinados fatos, os quais são "revelados" pelo colaborador, o criminoso colaborador pode optar pela cooperação falsa, calculando que os benefícios esperados são mais altos que os custos.

Significa dizer que se outros acusados lançam determinadas afirmações, ele poderá confirmar algo que não é necessariamente verdade apenas para se beneficiar com a cooperação, uma vez que a probabilidade de que se identifique a falsidade de suas declarações é pequena.

Da mesma forma, se houver necessidade de que novos autores sejam identificados (porque já houve outras cooperações no sentido de identificar meios pelos quais a prova será produzida), esse colaborador poderá indicar pessoas com participação de

---

acusatória, o sujeito que coopera perde os benefícios e está sujeito a pena de um a quatro anos de reclusão (art. 19 da Lei nº 12.850/2013: "Imputar falsamente, sob pretexto de colaboração com a Justiça, a prática de infração penal a pessoa que sabe ser inocente, ou revelar informações sobre a estrutura de organização criminosa que sabe inverídicas: Pena - reclusão, de 1 (um) a 4 (quatro) anos, e multa)".

[32] Código Penal brasileiro: "Art. 75. O tempo de cumprimento das penas privativas de liberdade não pode ser superior a 30 (trinta) anos".

[33] Código Penal brasileiro, art. 75, § 1º: "Quando o agente for condenado a penas privativas de liberdade cuja soma seja superior a 30 (trinta) anos, devem elas ser unificadas para atender ao limite máximo deste artigo".

[34] Assimetria entendida como a diferença de informações de que dispõem a parte acusatória e o acusado no que tange às diferentes participações dos autores na organização criminosa, às ramificações da organização criminosa, aos diferentes crimes praticados e às provas existentes de autoria e materialidade que deverão ser produzidas ao longo do processo.

menor importância, ou que atuaram sem saber que estavam inseridos em um processo criminoso, maximizando a importância dessas pessoas, com a finalidade de receber as enormes vantagens do acordo de colaboração. Em outras palavras, o custo para dissuasão do crime não pode ser tão alto que acabe gerando incentivos ainda mais prejudiciais para o sistema.

Portanto, quando se ultrapassam os limites objetivos e de validade das diferentes modalidades de cooperação penal, ampliando enormemente os benefícios oferecidos ao criminoso sem a correspondente elevação dos custos caso sua cooperação se mostre insuficiente, corre-se o risco de que o incentivo à cooperação seja tão elevado (e seu custo tão diminuto) que acabe por gerar o efeito inverso, de colaborações que não trazem informações e indícios verdadeiros, prejudicando, mais do que auxiliando, a parte acusatória.

Por essa linha de raciocínio, não se deve conferir às declarações dos réus colaboradores o peso de provas (mesmo testemunhais), mas sim o mesmo tratamento conferido às delações premiadas: meio de investigação e não meio de prova.

Isoladamente, as declarações de réus colaboradores, ainda que sob o compromisso de dizerem a verdade, não podem ser consideradas provas, nem sequer indícios, que possam ensejar o recebimento de uma acusação criminal, a imposição de medidas cautelares ou um decreto condenatório.

Com efeito, se a prisão preventiva exige "prova da existência do crime e indício suficiente de autoria" (art. 312 do CPP 1941), essa prova não poderá se constituir nas declarações do réu colaborador. De igual forma, os indícios de autoria tampouco poderão se limitar a tais declarações, eis que a lei define indício a partir de fatos já provados: "Considera-se indício a circunstância conhecida e provada, que, tendo relação com o fato, autorize, por indução, concluir-se a existência de outra ou outras circunstâncias" (art. 239 do CPP 1941).

Embora a própria Lei nº 12.850/2013 afirme que "nenhuma sentença condenatória será proferida com fundamento apenas nas declarações de agente colaborador" (art. 4º, § 16), afirma-se, com base nos acordos de colaboração examinados, onde se constata a ampliação dos benefícios para muito além daquilo que o legislador dispôs, a inexistência de força probatória nessas declarações, seja para embasar uma sentença, seja para justificar a imposição de uma medida cautelar ou mesmo para justificar o recebimento de uma denúncia.

Não se discute que a prolação de uma sentença condenatória deve estar calcada em provas produzidas sob o contraditório (art. 155 do CPP) e que a colaboração premiada não possui natureza de prova, mas impõe-se que o texto da lei seja interpretado de forma análoga para medidas cautelares e para o recebimento da denúncia.

Com efeito, todas as medidas cautelares, sejam elas pessoais (prisão preventiva, temporária e interceptação telefônica) ou reais (busca e apreensão, arresto, sequestro e hipoteca legal), investigativas ou assecuratórias, exigem, para sua decretação, lastro probatório mínimo. Isto é, não se admite qualquer medida cautelar sem que haja uma base probatória que lhe dê suporte. Sem provas, ainda que mínimas, da existência do crime, não é possível avançar sobre a liberdade do cidadão. E a Lei nº 12.850/2013 expressamente rechaçou a natureza probatória da colaboração premiada.

De igual forma, determina o Código Processual: "Art. 395. A denúncia ou queixa será rejeitada quando: [...] III - faltar justa causa para o exercício da ação penal". Justa causa, como conceitua unanimemente a doutrina, constitui um conjunto probatório, ainda que mínimo, mas que comprove a existência do crime.

Depoimentos prestados no âmbito de uma colaboração premiada não têm essa natureza de lastro probatório. Por conseguinte, não se prestam, por si sós, para embasar qualquer decisão judicial, seja ela uma sentença condenatória, seja uma medida cautelar ou mesmo o recebimento de uma denúncia.

É certo que a ampliação dos benefícios, ainda que dissociada do aumento dos custos em caso de afirmações inverídicas, não torna o mecanismo de cooperação inválido. No entanto, reforça a percepção de que, tal como na delação premiada, as declarações prestadas pelos acusados colaboradores não devem ser consideradas provas, mas somente meios de investigação. Nesse mesmo sentido de argumentação, os benefícios concedidos àqueles que decidem cooperar com o Estado deveriam ser concedidos somente quando já tivessem sido obtidas provas concretas que tenham resultado dos acordos de colaboração.

Não obstante a lei preveja que o acusado se comprometerá a dizer apenas a verdade, trata-se de disposição que, violada, não acarretará consequências graves aos seus autores quando estes estiverem diante de acusações de crimes com penas altas.

## Um estudo de eficiência em crimes econômicos

Em 1998, a subprocuradora-geral da República Ela Wiecko Volkmer de Castilho publicou as conclusões da sua tese de doutorado sobre o funcionamento do sistema penal nos crimes contra o Sistema Financeiro Nacional (Lei nº 7.492/1986) entre 1986 e 1995. De acordo com a pesquisa, o Banco Central (Bacen) exercia um papel muito importante na seleção dos casos que eram comunicados ao Ministério Público Federal (MPF). Apesar de fiscalizar e punir administrativamente condutas lesivas ao Sistema Financeiro Nacional (SFN), o Bacen não realizava as representações com fins criminais na mesma proporção das punições que aplicava, o que levou a autora a apontar a ausência de comunicação desses fatos ao MPF como fator determinante para o pequeno número de casos relacionados a esses crimes levados a julgamento pelo Poder Judiciário.

> A descrição do processo de definição e seleção acaba por revelar que, na criminalidade contra o sistema financeiro, o controle penal caracteriza-se pela exclusão, confirmando o sentimento comum da impunidade [...].
>
> Mas, também, revela que a impunidade se deve menos às instâncias formais tradicionais (Polícia, Ministério Público e Judiciário) e mais ao Banco Central. A chave do cofre que abriga a enorme cifra oculta dessa criminalidade é uma instituição não penal, que faz a seleção básica, utilizando-se de parâmetros pouco transparentes e dificilmente submetidos a fiscalização. Sua importância fundamental na configuração do que é crime ou não passa ao largo do público e mesmo dos criminólogos e penalistas que concentram suas críticas à polícia, ao Ministério Público e, sobretudo, ao Judiciário, justamente o que tem menos condições de reverter a lógica de exclusão. Essa conclusão provavelmente pode ser aplicada a outros setores da criminalidade econômica, como a dos crimes contra ordem tributária e, nessa hipótese, outro será o órgão efetivamente encarregado de promover a imunização de certos indivíduos, grupos ou classes ao controle penal [Castilho, 1998:23].

Pesquisa semelhante foi realizada compreendendo o período de 2002 a 2009, examinando agora os crimes contra o mercado de capitais (Bottino e Oliveira, 2012). A hipótese de trabalho era verificar se ainda ocorreria fenômeno semelhante, agora na atuação da Comissão de Valores Mobiliários (CVM),[35] e se os

---

[35] A CVM está legalmente obrigada a reportar ao Ministério Público todos os fatos que possam constituir, em tese, crime, como se vê do art. 12, da Lei nº 6.385/1976: "Quando o inquérito, instaurado de acordo com o § 2º do art. 9º, concluir pela ocorrência de crime de ação pública, a Comissão de Valores Mobiliários oficiará ao Ministério Público, para a propositura da ação penal".

autores de crimes econômicos continuariam excluídos do rol de criminosos reconhecidos e punidos pelo sistema judiciário penal.

Os dados foram obtidos por meio de requerimentos formais apresentados ao superintendente-geral da CVM, ao chefe da Procuradoria da República no Estado do Rio de Janeiro e ao juiz federal diretor do foro da Seção Judiciária do Rio de Janeiro. Os requerimentos protocolados deram ensejo à instauração de procedimentos administrativos que culminaram com a expedição das certidões que servem como base para as análises realizadas. Não obstante haja tipos penais cuja fiscalização e punição administrativa já fosse realizada pela CVM,[36] foram analisados apenas os crimes contra o mercado de capitais criados pela Lei nº 10.303/2001 (arts. 27-C, 27-D e 27-E, acrescentados à Lei nº 6.385/1976), conhecidos como "uso de informação privilegiada", "manipulação de mercado" e "exercício irregular de profissão".

Tais crimes prejudicam a eficiência e a transparência na formação do preço dos títulos negociados no mercado de capitais, trazendo riscos e diminuindo a confiança dos investidores no mercado mobiliário, violam a igualdade de acesso às informações, afetam o interesse social consubstanciado na exigência legal de que as operações sejam realizadas exclusivamente por agentes autorizados e registrados junto aos órgãos competentes e, em última análise, colocam em risco o patrimônio dos investidores.

A primeira tarefa para avaliar o funcionamento das instâncias de controle formal dos crimes contra o mercado de capitais consistiu no estudo da atuação da CVM. Por conseguinte, foram identificadas as infrações administrativas que correspondem aos crimes contra o mercado de capitais. Isso permitiu verificar a taxa de ocorrência dessas infrações e utilizar esse número como parâmetro para a taxa provável de crimes. A identidade

---

[36] Por exemplo, os crimes previstos no art. 177 do Código Penal e no art. 7º da Lei nº 7.492/1986.

terminológica entre o tipo penal e a infração administrativa indica, de forma precisa, que a criação dos novos crimes contra o mercado de capitais consistiu no mero reforço de punição da mesma conduta já sancionada pelo direito administrativo e não na proteção de um bem jurídico distinto.[37]

A pesquisa observou a seguinte metodologia: (1) identificar o número total de fatos que ensejaram instauração de inquérito administrativo (IA), processo administrativo sancionador (PAS) ou celebração de termo de compromisso (TC) pela Comissão de Valores Mobiliários (CVM) relacionados às infrações administrativas subjacentes aos crimes objeto de estudo, verificando se tais fatos foram objeto de representações encaminhadas ao Ministério Público Federal no Estado do Rio de Janeiro pela CVM; (2) identificar quantas representações ensejaram a instauração de inquérito, quantas permitiram o imediato oferecimento de denúncia e quantas foram arquivadas; (3) analisar os processos criminais iniciados, indicando quantos resultaram em sentenças condenatórias e quantos resultaram em absolvições.

O primeiro passo foi identificar as infrações administrativas que corresponderiam, em maior ou menor extensão, aos crimes objeto de estudo. A partir disso, foram examinados os julgamentos do colegiado da CVM que tratavam das infrações administrativas subjacentes aos crimes (mediante a leitura de seu inteiro teor) para verificar se havia menção à expedição de

[37] "Apesar da inserção no ordenamento jurídico de tipos penais em tudo similares às infrações administrativas que os inspiraram, estabelecendo penas bastante graves aos infratores, inclusive pecuniárias, é certo que a administração, no caso a CVM, e, em segundo grau, o Conselho de Recursos do SFN, não deixará de exercer suas atividades disciplinadoras e sancionadoras, continuando a aplicar, no âmbito de suas respectivas atribuições, sempre que verificar aquelas infrações, as penalidades previstas nas suas instruções normativas, acarretando, não raras vezes, duplicidade de punição" (Castellar, 2008:33).

comunicação ao MPF. Esses julgamentos estão disponíveis para consulta pública no banco de dados da CVM na internet.

Posteriormente, verificou-se que tais dados não seriam suficientes, já que nem todo julgamento menciona se houve remessa de ofício ao MPF e vice-versa (menção ao ofício, sem comunicação efetiva). Além disso, vários casos que ainda não tivessem dado ensejo à instauração de PAS poderiam ter sido objeto de comunicação ao Ministério Público ainda na fase de inquérito administrativo.

Por todos esses motivos, protocolou-se pedido formal de expedição de certidão dirigido ao superintendente-geral da CVM para que informasse todos os fatos noticiados ao Ministério Público Federal no Rio de Janeiro que, em tese, poderiam constituir os crimes previstos nos arts. 27-C, 27-D e 27-E da Lei nº 6.385/1976. A resposta da CVM é reproduzida no quadro 2.

Do universo de informações que poderia ser obtido, foram excluídos os fatos ocorridos anteriormente à vigência da Lei nº 10.303/2001, que criou os novos crimes contra o mercado de capitais. Verificou-se, ainda, a existência de quatro casos em que houve imposição de sanções administrativas, nos quais não consta a remessa de representação ao MPF.

A segunda etapa buscou identificar quantas representações ensejaram a instauração de inquérito, quantas permitiram o imediato oferecimento de denúncia e quantas foram arquivadas. Essa etapa apresentou duas dificuldades.

A primeira dificuldade consistia na fixação da competência territorial relativa aos crimes contra o mercado de capitais. Embora não haja dúvidas acerca do critério territorial para definição da competência criminal (competência *ratione loci*), há dificuldade em se determinar, nesse tipo de crime, em que local foi praticada a infração. O Código Penal considera local do crime aquele em que foi praticada a ação ou omissão, no todo ou em parte, bem como o local onde se produziu o resultado, ou ainda o local

## Quadro 2
## Resultado dos julgamentos pela CVM

| Crime em tese | Nº do PAS / TA | Julgamento pela CVM |
|---|---|---|
| Art. 27-D | RJ 5.627/2003 | Aplicação de sanção sem expedição de ofício ao MPF. Não houve recurso ao Conselho de Recursos do Sistema Financeiro Nacional (CRSFN). |
| Art. 27-C | RJ 2.132/2004 | Aplicação de sanção sem expedição de ofício ao MPF. Recurso pendente de apreciação pelo CRSFN. |
| Art. 27-E | SP 0.128/2005 | Aplicação de sanção sem expedição de ofício ao MPF. Recurso pendente de apreciação pelo CRSFN. |
| Art. 27-E | TA RJ 3.618/2006 | Arquivado por cumprimento de Termo de Compromisso (TC). |
| Art. 27-E | TA RJ 4.341/2006 | Arquivado por cumprimento de TC. |
| Art. 27-E | TA RJ 4.337/2006 | Arquivado por cumprimento de TC. |
| Art. 27-E | TA RJ 4.780/2006 | Arquivado por cumprimento de TC. |
| Art. 27-E | TA RJ 5.664/2006 | Arquivado por cumprimento de TC. |
| Art. 27-E | TA RJ 5.674/2006 | Arquivado por cumprimento de TC. |
| Art. 27-E | TA RJ 3.428/2007 | Arquivado por cumprimento de TC. |
| Art. 27-E | TA RJ 3.533/2007 | Arquivado por cumprimento de TC. |
| Art. 27-D | PA 26/2006 | Arquivado por cumprimento de TC. |
| Art. 27-E | TA SP 120/2007 | Pendente de julgamento pela CVM. |
| Art. 27-D | PA 25/2003 | SIM – Recurso pendente de apreciação pelo CRSFN. |
| Art. 27-E; 27-C | SP 445/2003 | SIM – Recurso pendente de apreciação pelo CRSFN. |
| Art. 27-D | 04/2004 | SIM – Recurso pendente de apreciação pelo CRSFN. |
| Art. 27-D | PAS 07/2004 | SIM – Recurso pendente de apreciação pelo CRSFN. |
| Art. 27-E | RJ 4.778/2006 | SIM – Recurso pendente de apreciação pelo CRSFN. |

Fonte: elaborado pelo autor.

onde deveria produzir-se o resultado (art. 6º do CP). Ocorre que, conforme o tipo penal tratado, o resultado de determinado crime não produz efeitos em um único local. Como afirmar em qual local o crime de manipulação de um mercado produz efeitos? Afinal, o mercado não tem existência física em um único local. E o que dizer do uso de informação privilegiada? Um agente que se vale da informação para negociar valores mobiliários em outro estado da Federação pratica o crime em que local?

Diante da multiplicidade de possibilidades para determinação do local do crime (princípio da ubiquidade), a CVM encaminha representações penais para representantes do Ministério Público Federal em diferentes estados da Federação, tomando por critério o local em que estava sediada a companhia ou a corretora. Como seria inviável, no curto espaço de tempo da pesquisa, levantar todos os fatos ocorridos no Brasil, optou-se por restringir a pesquisa ao Rio de Janeiro.

A segunda dificuldade dizia respeito à incerteza sobre qual a jurisdição competente para processar e julgar os crimes contra o mercado de capitais – se federal ou estadual. A divergência (para fins dos dados objeto da pesquisa) foi solucionada pela existência de um Termo de Cooperação Técnica assinado entre a CVM e o Ministério Público Federal visando ao intercâmbio e à cooperação técnica e operacional relacionados ao mercado de capitais e prevendo que as representações penais relacionadas a crimes contra o mercado de capitais serão encaminhadas ao Ministério Público Federal. Em outras palavras, tanto a CVM quanto o MPF consideram que é competência da Justiça Federal processar e julgar os crimes contra o mercado de capitais. Logo, foram utilizadas as informações constantes do banco de dados do Ministério Público Federal no Rio de Janeiro.

Finalmente, como os inquéritos policiais são procedimentos sigilosos, decidiu-se formular pedido formal de expedição de certidão dirigido ao procurador-chefe do Ministério Público

Federal no Rio de Janeiro para que informasse quantos inquéritos teriam sido instaurados para apurar fatos que pudessem se amoldar aos crimes previstos nos arts. 27-C, 27-D e 27-E da Lei nº 6.385/1976. A resposta do MPF é reproduzida no quadro 3 (reprodução do original como anexo nº 2).

**Quadro 3**
**Inquéritos instaurados pelo MPF para apurar crimes previstos nos arts. 27-C, 27-D e 27-E**

| Ano | Inquéritos instaurados por representação da CVM | Total de inquéritos instaurados |
|---|---|---|
| 2002 | Nenhum | Nenhum |
| 2003 | Nenhum | Nenhum |
| 2004 | Nenhum | Nenhum |
| 2005 | 1 | 1 |
| 2006 | 1 | 1 |
| 2007 | 1 | 2 |
| 2008 | 1 | 2 |
| **Total** | **4** | **6** |

Fonte: CVM.

A certidão expedida pelo MPF informava, ainda, que não houvera nenhum oferecimento de denúncia relativamente aos tipos penais da Lei nº 6.385/1976, bem como que havia outros inquéritos que foram instaurados a partir de representações da CVM, mas que não foi possível precisar de qual legislação é o referido tipo penal.

A terceira e última etapa identificaria quantos processos criminais foram iniciados, indicando quantos resultaram em sentenças condenatórias e quantos resultaram em absolvições. Não obstante a certidão expedida pelo MPF indicasse a inexistência de ações penais, formulou-se pedido de certidão ao diretor do foro da Seção Judiciária do Rio de Janeiro, solicitando que se informasse a quantidade de ações penais relativas aos crimes contra o mercado de capitais. Nenhuma ação penal foi localizada.

Essa constatação sugeria duas alternativas: (1) ou o mercado de capitais brasileiro é habitado por investidores altamente éticos, que demonstram o maior respeito pelo princípio da transparência, a despeito dos altos ganhos financeiros que as práticas ilícitas podem propiciar, ou (2) o sistema penal não tem sido capaz de detectar, identificar, investigar, processar e julgar esses fatos.

Considerando que a segunda alternativa era passível de investigação e comprovação, buscou-se mapear as infrações administrativas subjacentes aos crimes previstos nos arts. 27-C, 27-D e 27-E da Lei nº 6.385/1976, levantar quantas vezes tais condutas foram identificadas pela CVM, quantas vezes houve punição e, a partir desse último número, descobrir qual o percentual de casos teria sido comunicado ao MPF. Nesse ponto, a pesquisa constatou que a CVM encontrou indícios da prática desses crimes em 19 casos, sendo oito deles submetidos a punições (42,1%) e 11 submetidos à celebração de Termo de Compromisso (57,9%).

Em seguida, buscou-se identificar se tais fatos eram reportados ao MPF, a quem competiria deflagrar inquéritos policiais para apuração dos crimes e ajuizar as correspondentes ações penais. Constatou-se que a taxa de comunicação ao MPF é bastante alta (83% dos casos), o que afasta a hipótese de Ela Wiecko mencionada no início deste texto de que haveria um "filtro" na CVM que impediria que fatos que poderiam constituir crimes contra o mercado de capitais chegassem ao conhecimento do MPF. Por outro lado, verificou-se que a efetiva utilização dessas comunicações para deflagrar instaurações de inquéritos criminais é baixa (26,7%).

Ademais, a identidade entre o número de casos em que houve punições (seis casos) e instauração de inquéritos (seis casos) é bastante sintomática se considerarmos que os casos restantes (nove casos) do universo identificado (15 casos) foram solucionados por meio de Termo de Compromisso. Embora não seja possível afirmar que os inquéritos instaurados pelo MPF no Rio de Janeiro sejam exatamente os mesmos casos ocorridos no Rio de Janeiro e punidos pela CVM – devido à impossibilidade de exame dos inquéritos policiais sigilosos –, é possível supor essa relação, uma vez que, celebrado o Termo de Compromisso, cessam as investigações administrativas.

Caso esse paralelo seja efetivo, seria possível afirmar que a celebração do Termo de Compromisso e a consequente finalização das investigações faz com que os fatos levados ao conhecimento do MPF estejam desacompanhados dos elementos mínimos que permitiriam a instauração de um inquérito policial. Outra possibilidade é que a celebração de acordo exerça um efeito dissuasório na formação da *opinio delitci* do MPF, como se esse Termo de Compromisso indicasse que os fatos se limitam a uma infração administrativa, sem os contornos típicos do crime. Diz-se "como se fosse" porque não há como afirmar essa diferença. Ao contrário, como visto, o tipo penal é basicamente a reprodução do tipo administrativo.

Outra possibilidade é que a opção da CVM na celebração do Termo de Compromisso se dê em casos em que é menos provável o êxito na imposição de penalidades. Já antevendo que determinadas provas serão de difícil obtenção e que só há elementos indiciários ou circunstanciais da prática infracional, a CVM pode optar por propor a celebração do Termo de Compromisso. Em outras palavras, as dificuldades de apuração dos fatos (no âmbito administrativo e, ainda mais, no âmbito penal)[38] e de efetiva imposição de penalidades podem indicar a

[38] A condenação em um processo criminal exige um grau de certeza muito maior do que um processo civil, seja relativamente às provas e evidências em que será baseado o convencimento jurisdicional, seja relativamente ao rigor no exame de admissibilidade da petição inicial. Essa dificuldade decorre da necessária observância de garantias processuais, as quais derivam da disparidade de poderes entre as partes (Estado e indivíduo) e do potencial dano causado pela pena privativa de liberdade.

preferência da CVM pela realização de Termos de Compromisso nesses casos.[39]

Abortada a apuração que seria realizada pela CVM (normalmente logo após o fato, quando são maiores as possibilidades de obtenção de provas), o material encaminhado ao Ministério Público será muitas vezes incipiente. Como se viu, foram celebrados Termos de Compromisso em 60% dos episódios reportados pela CVM ao Ministério Público Federal no Rio de Janeiro (nove em 15 casos).

## Conclusões

A utilização da teoria econômica aplicada ao direito penal permite avaliar o funcionamento do sistema de justiça a partir de elementos concretos e tornar mais efetivas e eficientes as regras administrativas e penais relativas aos crimes. Tais conceitos podem orientar a avaliação de quais crimes devem ser objeto de medidas dissuasórias penais face a face com o dano social causado, quais as formas mais eficientes de investimento para reduzir a prática criminosa (se o investimento em inteligência policial ou o significativo aumento das penas de determinados crimes) e, ainda, como regular mecanismos de eficiência judicial.

[39] Em 2009, a CVM celebrou Termo de Compromisso, com efeito de arquivamento de um processo administrativo que apurava a utilização de informação privilegiada por parte dos executivos que controlavam a AmBev e teriam elevado sua participação no capital social da empresa pouco antes de sua venda a uma empresa belga, supostamente abusando do poder de compra de ações e utilizando-se de informações que os acionistas minoritários desconheciam. Disponível em: <https://exame.com/negocios/ex-ambev-pagarao-r-20-mi-encerrar-processo-522336/>. Acesso em: 5 mar. 2021.

## Referências

ALENCAR, Carlos Higino Ribeiro de; GICO JR., Ivo. Corrupção e Judiciário: a (in)eficácia do sistema judicial no combate à corrupção. In: BOTTINO, Thiago; MALAN, Diogo (Org.). *Direito penal e economia.* Rio de Janeiro: Elsevier, 2012.

BECCARIA, Cesare. *Dos delitos e das penas.* [S.l.: s.n.], 1794. Atualmente em domínio público. Disponível em: <www.dominiopublico.gov.br/download/texto/eb000015.pdf>. Acesso em: 5 mar. 2021.

BECKER, Gary. Crime and punishment: an economic approach. *Journal of Political Economy*, v. 76, 1968. Disponível em: <www.jstor.org/stable/1830482>. Acesso em: 5 mar. 2021.

BENTHAM, Jeremy. *An introduction to the principles of morals and legislation.* [S.l.: s.n.], 1823. Atualmente em domínio público. Disponível em: <https://oll-resources.s3.us-east-2.amazonaws.com/oll3/store/titles/278/bentham_0175_EBk_v6.0.pdf>. Acesso em: 5 mar. 2021.

BOITEUX, Luciana et al. *Tráfico de drogas e Constituição.* Brasília: Ministério da Justiça, 2009. Disponível em: <http://pensando.mj.gov.br/wp-content/uploads/2015/07/01Pensando_Direito3.pdf>. Acesso em: 5 mar. 2021.

BOTTINO, Thiago. Colaboração premiada e incentivos à cooperação no processo penal: uma análise crítica dos acordos firmados na "Operação Lava Jato". *Revista Brasileira de Ciências Criminais*, São Paulo, n. 112, 2016.

______; OLIVEIRA, Eduardo. Seletividade do sistema penal nos crimes contra o mercado de capitais. In: BOTTINO, Thiago (Coord.). *Direito penal e economia.* Rio de Janeiro: Elsevier, 2012.

______; SHIKIDA, Pery. Análise econômica do crime. In: TIMM, Luciano. *Análise econômica no Brasil.* São Paulo: Atlas, 2012.

BRASIL. Decreto-Lei nº 2.848, de 7 de dezembro de 1940. Código Penal. *Diário Oficial [da] República Federativa do Brasil*, Rio de Janeiro, 31 dez. 1940.

______. Decreto-Lei nº 3.689, de 3 de outubro de 1941. Código de Processo Penal. *Diário Oficial [da] República Federativa do Brasil*, Rio de Janeiro, 13 out. 1941.

______. Lei nº 6.386, de 7 de dezembro de 1976. Dispõe sobre o mercado de valores mobiliários e cria a Comissão de Valores Mobiliários. *Diário Oficial [da] República Federativa do Brasil*, Casa Civil, Brasília, DF, 9 dez. 1976.

______. Lei nº 7.492, de 16 de junho de 1986. Define os crimes contra o sistema financeiro nacional, e dá outras providências. *Diário Oficial [da] República Federativa do Brasil*, Casa Civil, Brasília, DF, 18 jun. 1986.

______. Lei nº 8.072, de 25 de julho de 1990. Dispõe sobre os crimes hediondos, nos termos do art. 5º, inciso XLIII, da Constituição Federal, e determina outras providências. *Diário Oficial [da] República Federativa do Brasil*, Casa Civil, Brasília, DF, 26 jul. 1990a.

______. Lei nº 8.137, de 27 de dezembro de 1990. Define crimes contra a ordem tributária, econômica e contra as relações de consumo, e dá outras providências. *Diário Oficial [da] República Federativa do Brasil*, Casa Civil, Brasília, DF, 28 dez. 1990b.

______. Lei nº 9.099, de 26 de setembro de 1995. Dispõe sobre os Juizados Especiais Cíveis e Criminais e dá outras providências. *Diário Oficial [da] República Federativa do Brasil*, Casa Civil, Brasília, DF, 27 set. 1995.

______. Lei nº 10.303, de 31 de outubro de 2001. Altera e acrescenta dispositivos na Lei nº 6.404, de 15 de dezembro de 1976, que dispõe sobre as Sociedades por Ações, e na Lei nº 6.385, de 7 de dezembro de 1976, que dispõe sobre o mercado de valores mobiliários e cria a Comissão de Valores

Mobiliários. *Diário Oficial [da] República Federativa do Brasil*, Casa Civil, Brasília, DF, 1 nov. 2001.

______. Lei nº 10.684, de 30 de maio de 2003. Altera a legislação tributária, dispõe sobre parcelamento de débitos junto à Secretaria da Receita Federal, à Procuradoria-Geral da Fazenda Nacional e ao Instituto Nacional do Seguro Social e dá outras providências. *Diário Oficial [da] República Federativa do Brasil*, Casa Civil, Brasília, DF, 31 maio 2003. (Ed. extra).

______. Lei nº 12.850, de 2 de agosto de 2013. Define organização criminosa e dispõe sobre a investigação criminal, os meios de obtenção da prova, infrações penais correlatas e o procedimento criminal; altera o Decreto-Lei nº 2.848, de 7 de dezembro de 1940 (Código Penal); revoga a Lei nº 9.034, de 3 de maio de 1995; e dá outras providências. *Diário Oficial [da] República Federativa do Brasil*, Casa Civil, Brasília, DF, 5 ago. 2013. (Ed. extra).

CAETANO, Fabio et al. Determinantes da cifra oculta do crime no Brasil: uma análise utilizando os dados da Pnad 2009. *Estudos Econômicos*, v. 50, n. 4, 2020. Disponível em: <www.revistas.usp.br/ee/article/view/162269>. Acesso em: 5 mar. 2021.

CASTELLAR, João Carlos. *Insider trading e os novos crimes corporativos*. Rio de Janeiro: Lumen Juris, 2008.

CASTILHO, Ela Wiecko Volkmer de. *O controle penal nos crimes contra o sistema financeiro nacional*. Belo Horizonte: Del Rey, 1998.

CERVINI, Raúl. *Os processos de descriminalização*. 2. ed. São Paulo: RT, 1995.

COOTER, Robert; ULEN, Thomas. *Direito e economia*. 5. ed. Porto Alegre: Bookman, 2010.

DIAS, Jorge de Figueiredo. *Questões fundamentais do direito penal revisadas*. São Paulo: RT, 1999.

FERRAJOLI, Luigi. *Direito e razão*: teoria do garantismo penal. São Paulo: RT, 2002.

FIGUEIREDO, Isabel et al. *Relatório final de pesquisa "A Lei de Crimes Hediondos como instrumento de política criminal"*. São Paulo: Instituto Latino Americano das Nações Unidas para Prevenção do Delito e Tratamento do Delinquente (Ilanud/Brasil), jul. 2005. Disponível em: <https://edisciplinas.usp.br/pluginfile.php/376255/mod_resource/content/1/RelILANUD.crimes%20hediondos.pdf>. Acesso em: 5 mar. 2021.

GOMES, Luiz Flávio. *Norma e bem jurídico no direito penal*. São Paulo: RT, 2002.

LANDIN, Lanker. *A impunidade e a seletividade dos crimes de colarinho branco*. Dissertação (mestrado) – Programa de Pós-Graduação em Direito, Relações Internacionais e Desenvolvimento, Pontifícia Universidade Católica de Goiás, Goiânia, 2015. Disponível em: <http://tede2.pucgoias.edu.br:8080/bitstream/tede/2716/1/LANKER%20VINICIUS%20BORGES%20SILVA%20LANDIN.pdf>. Acesso em: 5 mar. 2021.

MORAES, Ademárcio de et al. *Investigação criminal de homicídios*. Brasília: Ministério da Justiça, Secretaria Nacional de Segurança Pública (Senasp), 2014. Disponível em: <www.justica.gov.br/central-de-conteudo_legado1/seguranca-publica/livros/ctr_homicidios_final-com-isbn.pdf>. Acesso em: 5 mar. 2021.

ORDEIG, Enrique Gimbernat. *Conceito e método da ciência do direito penal*. São Paulo: RT, 2002.

SANCHEZ, Jesus-Maria Silva. *Eficiência e direito penal*. Barueri: Manole, 2004.

SUTHERLAND, Edwin H. *White collar crime*: the uncut version. New Haven: Yale University Press, 1983.

CAPÍTULO 4

# Introdução à análise econômica da solução de disputas

*Wilson Pimentel*

## Introdução

Uma das áreas do direito que têm muito a ganhar com a utilização da análise econômica do direito (AED) é a da solução de disputas. E refiro-me à solução de disputas como algo que antecede o estudo do processo civil.[1] Cuida-se, pois, de um gênero do qual são espécies o processo judicial e outras formas de solução de disputas.

Passados mais de 40 anos das ondas renovatórias de Garth e Cappelletti, o horizonte é razoavelmente nítido no sentido de que o processo judicial, apesar de ainda ser o método mais tradicional, é apenas mais uma forma de solução de disputas.[2] O Judiciário brasileiro carrega, há algum tempo, um estoque de cerca de 80 milhões de causas, com um ingresso de cerca de 30 milhões de ações novas por ano (CNJ, 2020:94) e a um custo anual de R$ 100 bilhões (CNJ, 2020:46). Desse estoque, quase 40% dos processos são execuções fiscais[3] e, para piorar, a taxa

---

[1] Ou do litígio, como prefere Beneduzi (2018).

[2] Goldberg et al. (2007:4-5) mencionam outros métodos híbridos de solução de conflitos, ainda mais incipientes no Brasil: *private judging, neutral expert, fact-finding, mini trial, ombudsman, summary jury trials.*

[3] E aqui outro artigo, ou livro, poderia se dedicar simplesmente à análise da conveniência da desjudicialização da execução.

de congestionamento desses processos é de 90% (CNJ, 2020:6). O que se percebe é que, com o tempo, confundiu-se o conceito de acesso à Justiça com a banalização da gratuidade. Gratuidade para a Fazenda Pública e para os conselhos profissionais,[4] o que faz com que ações injustificáveis permaneçam judicializadas. E gratuidade descontrolada para partes litigantes, que deveria ser mais bem regulamentada para evitar abusos. O resultado da transferência, ou externalização, desses custos para a sociedade é o estímulo à litigância, com o consequente assoberbamento do Judiciário, que, consequentemente, não consegue lidar satisfatoriamente com as causas legítimas que lhe são entregues.

Ao lado do sistema estatal de solução de conflitos, e sem qualquer relação hierárquica, arbitragem, mediação, negociação e tantos outros métodos contribuem para que se alcance o principal objetivo do direito: a pacificação social. Como constata Joaquim Falcão (2007:29), o futuro é plural e a justiça não pode mais ser vista como feita necessariamente "no e por meio do Poder Judiciário", mas pode ser encontrada também fora dos tribunais ou, ainda, através de um tribunal multiportas, na concepção de Frank Sander (Moffitt e Bordone, 2005:19).

O desenvolvimento desses métodos alternativos vem, entretanto, encontrando dificuldades. Dificuldades culturais – e, dessas, o tempo, o uso e as políticas afirmativas darão conta – e também, para se aproximar ao objeto deste capítulo, dificuldades

---

[4] Em estudo realizado, em 2011, para o CNJ, o Instituto de Pesquisa Econômica Aplicada (Ipea) identificou que do total de execuções na Justiça Federal, impressionantes 36,4% são execuções movidas pelos conselhos de fiscalização das profissões liberais. A média do valor cobrado nesses processos é de cerca de R$ 1.500 por execução. Os conselhos, portanto, entopem o Judiciário com cobranças de valores insignificantes sob o manto da gratuidade, ou melhor, à custa da sociedade (Cunha, Klin e Pessoa, 2011). Um novo estudo (CNJ, 2019) foi realizado e o percentual de execuções movidas pelos conselhos foi de cerca de 23% (Diagnóstico da Atuação dos Conselhos Profissionais na Cobrança da Dívida Ativa, p. 9).

no que diz respeito aos incentivos econômicos para a utilização dos métodos alternativos.

Para incrementar o uso desses outros métodos de solução de disputas, é necessário mais do que regras programáticas, como a do art. 3º, § 3º, do Código de Processo Civil (CPC), que determina que "juízes, advogados, defensores públicos e membros do Ministério Público" estimulem o uso da "conciliação, mediação e outros métodos de solução consensual de conflitos". É preciso, pois, que os incentivos econômicos para as partes litigantes estejam alinhados com a política de estímulo ao uso dos métodos alternativos. A guinada para o consensualismo sem altruísmo é factível, mas os interesses precisam estar alinhados.

E aqui começa o diálogo entre direito e economia.

Regras legais criam incentivos para que as partes se comportem de determinada maneira (Cooter e Ulen, 2011; Posner, 2011). Elas podem modificar o comportamento dos agentes ao alterar, na linguagem dos economistas, os resultados finais (*payoffs*) associados às estratégias a serem por elas adotadas. Bar-Gill e Fershtman (2004:1) sustentam que o sistema legal pode ir além da criação de incentivos; nas suas palavras, ele também afeta o perfil de preferências da população ("*it also affects the preference profile in the population*").

A forma como se regulam os diferentes métodos de solução de conflitos irá, nessa linha, alterar os incentivos das partes em submeter um conflito ao Judiciário ou tentar resolvê-lo fora dele. A economia pode oferecer ferramentas para que decisões sejam tomadas de maneira informada e, sobretudo, para que o desenho institucional dos diferentes métodos de solução de disputas produza incentivos adequados às partes em conflito, evitando-se, por exemplo, o excesso de judicialização e a sobrecarga do Judiciário.

Para expor como a análise econômica do direito pode contribuir na solução de disputas, este capitulo se dividirá em duas partes. A primeira, dedicada a apresentar, de forma sucinta, o estado da arte, passando pelo histórico do estudo da análise econômica do litígio até a apresentação do modelo econômico da decisão de litigar desenvolvido por Shavell. Na segunda, utilizando-se das ferramentas da AED, serão analisados, no cenário brasileiro, o efeito dos subsídios para a litigância e como as diversas formas de regulação de custos nos diferentes métodos de solução de conflitos podem impactar nas decisões dos litigantes.

## A análise econômica da solução de disputas

A análise econômica do direito, nas palavras de Guido Calabresi e Douglas Melamed (1972), proporciona mais uma visão da catedral. Mais uma visão do fenômeno estudado por juristas, porém, pela ótica econômica.

Neste capítulo, o objeto de estudo é mais restrito. Se a AED teve seus primórdios na década de 1960, com Coase (1960) e Calabresi (1961), sua aplicação ao campo da solução de disputas começou na década seguinte.

Os dois tópicos a seguir, sem que se afaste a pretensão de ser um texto introdutório, apresentarão um breve histórico da análise econômica do direito aplicada à solução de disputas, aqui e no exterior, e, em seguida, o modelo econômico da decisão do agente racional de litigar desenvolvido por Shavell, a partir do qual o fenômeno da litigância pode começar a ser examinado.

### Um breve histórico da AED aplicada à solução de disputas

A análise econômica do litígio, um braço da AED, começou a ser estudada, conta Bebchuck (1984:404), em 1971, com Landes

(1971) e Gould (1973). Essa primeira fase teria tido seu ápice com Shavell (1982) e, por essa razão, na próxima seção este estudo partirá do modelo econômico desenhado pelo professor Shavell, de Harvard, em *Suit, settlement, and trial: a theorical analysis under alternative method for the allocation of legal costs* (1982). Apesar de não ser o modelo mais completo, ou complexo, ele demonstra, com singular clareza, a dinâmica da decisão de litigar e mostra-se bastante palatável para operadores do direito.

Além de Landes, Gould e Shavell, outro artigo ligado à análise econômica do conflito que merece ser mencionado é o de Posner, publicado em 1973 e intitulado "An economic approach to legal procedure and judicial administration".[5]

A partir daí, o estudo da análise econômica do litígio decolou. Vários outros artigos analisaram o conflito pela ótica da AED. Bebchuck (1984) desenvolve seu modelo econômico partindo da premissa de que existe assimetria informacional entre os litigantes. Em outro artigo, o mesmo autor trata das diferentes regras de alocação de custos do conflito e seus efeitos na decisão do agente racional (Bebchuck, 1996). Bar-Gill (2006), por sua vez, se dedicou à análise dos efeitos do otimismo na solução de conflitos.[6] Além deles, outros doutrinadores se debruçaram sobre o tema: Cooter publicou com Rubinfeld (1989) e com Marks e Mnookin (1982), Daughety e Reinganum (1993) e, entre tantos outros, Nalebuff (1987).

No Brasil, estudos mais recentes passaram a lançar um olhar econômico para a solução de disputas, entre eles, Arake e Gico Jr. (2015)[7] e Luciana Yeung e Paulo Furquim de Azevedo (2012).

---

[5] No *Journal of Legal Studies.*

[6] "The success and survival of cautious optimism: legal rules and endogenous perceptions in pre-trial settlement negotiations".

[7] Quando mais é menos: recursos adesivos como desincentivo a recorrer. Além disso, em 2020, Gico Jr. publicou seu livro *Análise econômica do processo civil* pela editora Foco.

Destacam-se, ainda, os livros de Antônio Maristrello Porto e Nuno Garoupa (2020) e a tese de Erik Navarro Wolkart, *Análise econômica do processo civil*, publicada em 2019. No mesmo ano, publiquei o livro *Acesso responsável à justiça: o impacto dos custos na decisão de litigar* (Pimentel, 2019) e, mais recentemente, em coautoria com Heitor Sica, o artigo "Custo do processo arbitral *versus* custo do processo judicial: uma análise econômica da realidade brasileira" (Sica e Pimentel, 2020).

A evolução do estudo da análise econômica do conflito contribuiu com o trabalho do Conselho Nacional de Justiça (CNJ), que criou dois grupos coordenados pelo ministro Ricardo Villas Bôas Cueva: um para rever o tratamento dado aos custos do litígio,[8] que culminou na elaboração de um projeto de lei entregue ao Congresso em setembro de 2020, e outro para apresentar políticas judiciárias de ampliação do acesso à justiça,[9] constituído no final de 2020.

Há, pela frente, uma oportunidade de novos estudos, inclusive empíricos, que poderão contribuir enormemente para a administração da Justiça no país.

Apresentado o breve histórico do estudo da análise econômica do conflito, passa-se à introdução de suas bases teóricas.

## O modelo de decisão do agente racional sobre litigar ou transigir

Vários autores propuseram diferentes modelos econômicos para explicar a decisão do agente de litigar ou transigir. Alguns mais complexos, contemplando variações decorrentes da assimetria de informações ou do otimismo das partes, outros mais simples e palatáveis.

---

[8] CNJ. Portaria nº 71/2019.

[9] CNJ. Portaria nº 228/2020.

Um dos mais proeminentes, pela clareza e simplicidade, é o de Steven Shavell (1982), que basicamente expõe que a decisão leva em consideração o valor do direito em disputa (*D*), a probabilidade de êxito (*P*) e os custos do litígio (*C*). A análise do modelo econômico de Shavell expõe a relevância de cada um desses componentes e permite, assim, que se pense como aprimorar ou calibrar esses elementos para atingir os efeitos desejados, seja de estímulos aos métodos alternativos, seja de redução da litigiosidade pela redução da assimetria de informações, seja, ainda, de expansão do acesso qualificado à Justiça.

Antes, contudo, de entender a tomada de decisão do agente racional, três premissas são expostas por Shavell (1982): (1) as partes envolvidas são racionais e, portanto, farão suas escolhas considerando as situações com o maior *ganho esperado*; (2) são neutras com relação ao risco; (3) não há custos, ou eles são insignificantes, para a solução negociada do litígio.

Com relação à primeira premissa, em situações de incerteza, como quando se está diante da probabilidade de se sair vencedor de uma ação judicial, o agente econômico avaliará suas decisões a partir do que se chama de *valor esperado*. O *ganho esperado* do autor e a *perda esperada* do réu, espécies do gênero *valor esperado*, são calculados multiplicando-se o valor dos resultados possíveis pelas suas probabilidades de ocorrência. Assim, se o autor entende que tem 25% de chance de receber R$ 10.000, seu *ganho esperado* é de R$ 2.500 (i.e., 25% × R$ 10.000). O réu que julga ter 60% de chance de perder R$ 10.000 terá uma perda esperada de R$ 6.000 (i.e., 60% × R$ 10.000).

Passando-se à aptidão das partes para assumir riscos, há agentes que são tomadores de risco, outros que são neutros e há, ainda, agentes que são avessos ao risco. Imagine, partindo do exemplo utilizado por Posner (2011:15), que lhe fosse concedida a oportunidade de escolher, de um lado, ter R$ 1 milhão ou, de outro, ter 10% de chance de receber R$ 10 milhões. Segundo

Posner, o agente *avesso ao risco* ficaria com a primeira opção, embora o *valor esperado* das duas hipóteses seja o mesmo: R$ 1 milhão (= 10% × R$ 10 milhões). O agente avesso ao risco opta, em situações com o mesmo *valor esperado*, pela opção com menor risco.

No modelo econômico desenhado por Shavell, o agente é, em hipóteses como a anteriormente narrada, indiferente ou neutro com relação ao risco – *risk neutral* – e, tendo em vista que ambas as opções possuem ganhos esperados idênticos (no caso, R$ 1 milhão), o agente seria indiferente e poderia optar por qualquer uma das alternativas. Se, contudo, os ganhos esperados forem distintos, o agente racional e neutro em relação ao risco optará, sempre e sempre, pela opção com maior ganho esperado. A opção de adotar um modelo com agentes neutros ao risco não significa que os casos em que os agentes sejam *risk averse* sejam menos importantes. Considerar a aversão ao risco será mais relevante – e poderá ser útil ao se tratar de um Judiciário com as características do brasileiro – quando se está diante de pessoas hipossuficientes ou, ainda, quando o montante em disputa for relativamente elevado se comparado com o patrimônio da pessoa. Em outras palavras, quanto mais estiver em jogo, é natural que os agentes tendam a se comportar como mais avessos ao risco.

Sobre o terceiro e último ponto, Cooter e Rubinfeld (1989) reconhecem que os custos do processo judicial podem ser tão superiores aos custos da autocomposição que muitos autores acabam partindo da premissa de que os custos do acordo seriam inexistentes.[10] Essa premissa, verdadeira para a realidade norte-americana, na qual litigar é custoso, deve, no Brasil, ser aplicada com um grão de sal.

---

[10] No original: "*trial costs are so much greater than settlement costs that many authors choose the simplifying assumption that settlement costs are nil*" (Cooter e Rubinfeld, 1989:1075).

No Brasil, o acesso à Justiça foi estimulado com a previsão de gratuidade na Justiça comum para aqueles que preencherem os requisitos legais (CPC, art. 99) – e não são poucos os casos em que a gratuidade é deferida[11] – e com acesso gratuito a todos no âmbito dos juizados especiais cíveis.

Entendidas as premissas adotadas, passa-se à análise econômica do conflito. Essa análise, para se tornar mais palatável, virá acompanhada de uma série de exemplos que ilustram os principais pontos de interesse e se dividirá em dois momentos: o primeiro, da análise da decisão do autor de litigar; o segundo, da decisão dos agentes de transigir ou não.

## *A decisão do autor de litigar*

O primeiro nó de uma árvore de decisão nesses casos diz respeito à decisão do agente racional de litigar ou não. Nele, há basicamente duas possibilidades: na primeira, o agente inicia o litígio, o que fará sempre que os custos do litígio ($C_a$) forem menores do que seu ganho esperado ($E_a$); na segunda, não litiga, o que ocorrerá quando o ganho esperado for inferior aos custos do processo.

Em outras palavras:

$$C_a < E_a \quad \text{autor litiga} \qquad (1)$$

$$C_a < E_a \quad \text{autor não litiga} \qquad (2)$$

[11] Em pesquisa realizada em 2017, a partir de 3 mil casos do TJRJ, observei que a gratuidade foi requerida na Justiça cível comum em 47,93% dos casos analisados do ano de 2015 e em 64,36% dos casos analisados em 2017. Neles, a gratuidade foi deferida, respectivamente, em 91,37% e 88,84% dos casos (Pimentel, 2019).

Os custos do processo influenciam, portanto, na decisão do autor em promover ou não a ação. Se proibitivos, desestimularão o ajuizamento de ações ainda quando as chances de êxito forem razoáveis. Se irrisórios ou inexistentes, justificarão inclusive a propositura de demandas frívolas.

Retome-se, aqui, a possível demanda por R$ 10.000 ilustrada parágrafos atrás. Se os custos do litígio são de R$ 1.000, bastará que o autor tenha uma expectativa de êxito superior a 10% para que decida litigar. Se, entretanto, não há custos, pois esses são suportados pelo Estado, até mesmo uma demanda com 1% de chances de êxito se justificaria, na medida em que o ganho esperado ($E_a$) será maior do que os custos do processo ($C_a$).

Logo, se o custo de litigar é baixo, vale a pena iniciar um processo na Justiça mesmo que a probabilidade de sucesso seja muito baixa. Ou seja, mesmo que a parte autora não considere seu caso muito válido, para o agente racional, se o custo é baixo, compensa litigar do mesmo jeito.

A externalização dos custos do conflito não só aumenta a probabilidade do litígio, mas também reduz as chances de acordo, como se demonstrará a seguir.

## *A decisão das partes de transigir*

Segundo Shavell (1982), haverá acordo quando a expectativa de ganho do autor ($E_a$) for inferior à expectativa de perda do réu ($E_r$).[12] A *contrario sensu*, quando a expectativa de ganho do autor for maior do que a expectativa de perda do réu, não haverá acordo e a questão será judicializada. Em outros termos:

$$E_a < E_r \quad \text{haverá acordo} \qquad (3)$$

$$E_a < E_r \quad \text{não haverá acordo} \qquad (4)$$

[12] Considera-se, aqui, que os custos de transação são baixos ou inexistentes.

*Exemplo 1.* O autor espera ganhar ($E_a$) R$ 5.000 e o réu espera perder ($E_r$) R$ 7.000, haverá acordo por qualquer valor entre R$ 5.000 e R$ 7.000.

*Exemplo 2.* Se, contudo, o autor tem um ganho esperado ($E_a$) de R$ 7.000 e o réu espera perder ($E_r$) apenas R$ 5.000, não haverá acordo e a solução deverá ser judicializada. Até aqui, nenhuma dificuldade.

Nessa linha, avançando no raciocínio e dissecando a fórmula, o ganho esperado do autor ($E_a$) é mensurado a partir da multiplicação do valor do bem ou direito perseguido ($D_a$) pela sua probabilidade de êxito ($P_a$), o que pode ser assim representado:

$$E_a = D_a.P_a \qquad (5)$$

A perda esperada do réu ($E_r$), por sua vez, considera o valor da possível condenação ($D_r$), multiplicado pela probabilidade de perda ($P_r$):

$$E_r = D_r.P_r \qquad (6)$$

Assim, substituindo os elementos das equações 1 e 2 *supra*, haverá, ou não, acordo, quando:

$$(D_a.P_a) < (D_r.P_r) \quad \text{haverá acordo} \qquad (7)$$
$$(D_a.P_a) > (D_r.P_r) \quad \text{não haverá acordo} \qquad (8)$$

Permita-se, aqui, uma primeira observação relevante: a previsibilidade do resultado de eventual disputa ajuda a reduzir a diferença entre as probabilidades de êxito do autor e réu ($P_a$ e $P_r$) e, com isso, aproxima as partes de uma solução consensual. A diferença do prognóstico das partes pode ocorrer por divergências com relação à análise dos fatos ou na aplicação do direito. Para o primeiro obstáculo, técnicas de solução de disputas como *fact finding*, através da qual um terceiro neutro analisa documentos e produz provas para entender o que de fato ocorreu, poderão ajudar. Para o segundo, a uniformização da jurisprudência é de extrema relevância.

As diferenças entre expectativas de êxito ($P_a$ e $P_r$) são geralmente provocadas por um fenômeno similar à falha de mercado conhecida como *assimetria de informações*, e as soluções regulatórias, aqui, não diferem muito das aplicadas para a correção dessa falha de mercado.

Ter consciência de que a assimetria de julgamento, ou de prognósticos com relação ao resultado da disputa, tem impacto direto na judicialização de conflitos e realça a importância de incrementar a previsibilidade do resultado das ações judiciais. Nada disso é inédito e não é de hoje que se diz que, enquanto a divergência doutrinária é saudável, a jurisprudencial é maléfica para fins de pacificação social.

Nesse sentido, mecanismos de uniformização de jurisprudência ou, ainda, que permitam uma troca segura e confidencial de informações, podem minimizar os impactos desse fenômeno, semelhante à assimetria de informações.

Mas o modelo de Shavell ainda não está completo. É preciso, também, incluir na decisão do agente racional o impacto dos custos do litígio. Ao inserirmos na equação mencionada os custos do litígio ($C$), o ganho esperado do autor ($E_a$) será equivalente à multiplicação do valor do direito em disputa ($D_a$) pela probabilidade de êxito ($P_a$), *deduzidos* os custos do litígio ($C_a$), o que pode ser assim resumido:

$$E_a = (D_a.P_a) - C_a \qquad (9)$$

Idêntico raciocínio será feito pelo réu, que calculará sua perda esperada ($E_r$) multiplicando o valor do direito postulado

($D_r$) pela probabilidade de perda ($P_r$), *somado* aos custos que terá com o litígio ($C_r$).

$$E_r = (D_r.P_r) + C_r \qquad (10)$$

Com isso, a possibilidade ou não de acordo seguiria a seguinte equação:

$$(D_a.P_a) - C_a \gtreqless (D_r.P_r) + C_r \qquad (11)$$

Assim, teríamos possibilidade de acordo quando $(D_a.P_a) - C_a < (D_r.P_r) + C_r$ e não haveria zona de possível acordo quando $(D_a.P_a) - C_a > (D_r.P_r) + C_r$.

Partindo-se dos números do exemplo 2, *supra*, tome-se a seguinte situação:

*Exemplo 3.* A vítima de um acidente automobilístico busca uma indenização ($D_a$) de R$ 10.000 e estima, caso tenha de ajuizar uma ação, sua chance de êxito ($P_a$) em 70%. Sua expectativa de ganho ($E_a$) seria de R$ 7.000. O alegado causador do dano, neste exemplo, não questiona o valor do dano R$ 10.000 ($D_r$), mas diverge acerca da sua responsabilidade, portanto, da expectativa de êxito da vítima, e entende que há, na sua perspectiva, 50% de chance de perda ($P_r$), de modo que sua perda esperada ($E_r$) seria de R$ 5.000.[13]

Não haveria, neste exemplo, possibilidade de acordo, uma vez que $E_a > E_r$, isto é, R$ 7.000 é um valor superior a R$ 5.000.

A inclusão dos custos do litígio ($C$) nessa equação pode alterar o resultado.

*Exemplo 4.* Partindo-se do exemplo 3, imagine-se que os custos ($C$) de levar a questão para o Judiciário, aí incluídas custas, taxas e honorários de advogado, fossem de R$ 1,5 mil, para cada parte, ou 15% do valor em disputa. O cômputo dos custos

[13] $E_r = (D_r.P_r)$ ou seja, R$ 10.000 × 50% = R$ 5.000.

do litígio faria com que o ganho esperado do autor caísse de R$ 7.000 para R$ 5.500 e a perda esperada do réu aumentaria de R$ 5.000 para R$ 6.500. Neste caso, $E_a < E_r$ e, portanto, as partes racionais e neutras com relação ao risco transigiriam em qualquer valor entre R$ 6.500 e R$ 5.500.

O raciocínio apresentado procede se os custos (*C*) são internalizados, suportados pelas partes. Se, todavia, esses custos são, em parte ou na sua integralidade, externalizados, as partes simplesmente podem não transigir e irão judicializar a questão. Em outras palavras, se não custa nada litigar, pois o Estado (ou a sociedade) suporta esses custos para as partes litigantes, os litígios serão judicializados.

A transferência dos custos do litígio das partes que deveriam suportá-los para o Estado consiste em um caso típico de externalidade negativa, e essa falha pode, e deve, ser regulada.

Os custos do litígio influenciam, portanto, na decisão das partes de seguir ou não com a disputa, e as regras sobre sua alocação e dimensão desempenham um importante papel nessa equação.

Cooter e Rubinfeld (1989:1076, trad. livre) observam, nesse ponto, que "há mais espaço para acordo quando é custoso litigar".[14]

São esses, portanto, os elementos que estão por trás da análise econômica do conflito feita por Shavell. Cada um deles pode ser objeto de uma regulação detalhada e objeto de um estudo para um desenho de sistema adequado.

## A realidade brasileira

A AED permite, como se viu, lançar um olhar diferenciado para a solução de disputas. Permite enxergar, com clareza, por que elementos como custos do conflito – muitas vezes externalizados – e a assimetria de informações contribuem para a

[14] No original: "*there is more scope for settlement when litigation is costly*".

litigância. O diagnóstico conduz ao prognóstico, e a economia possui soluções para casos de externalidades negativas e de assimetria informacional.

Esta segunda parte do capítulo analisará (1) os dados do Judiciário brasileiro e os efeitos dos "subsídios" para a litigância e (2) como as diversas formas de regulação de custos nos diferentes métodos de solução de conflitos podem impactar a opção dos litigantes por um método ou outro.

## Litigância subsidiada e assimetria informacional

Neste tópico, dois grandes pontos serão abordados: o primeiro, relativo ao tratamento dos custos do conflito e os incentivos produzidos pelas normas em vigor; o segundo, concernente a alguns novos mecanismos processuais criados na tentativa de reduzir o *gap* informacional, o que poderá reduzir o índice de litigiosidade.

O Brasil possui, mais precisamente, 77 milhões de ações judiciais pendentes (Conselho Nacional de Justiça, 2020). A cada ano, cerca de 30 milhões de ações são ajuizadas e praticamente a mesma quantidade de ações é extinta.[15] O Judiciário, como um modelo de solução de conflitos disponível aos litigantes, custou R$ 100 bilhões em 2020 e arrecadou, com custas, taxas e emolumentos, R$ 13 bilhões. Mais de R$ 87 bilhões são custos do sistema estatal de solução de conflitos que não são suportados pelas partes litigantes e, portanto, são externalizados para o Estado, *rectius*, à sociedade.

E não se está colocando essa transferência de custos apenas na conta de agentes privados. Sabe-se que a Fazenda Pública, que também atua gratuitamente em juízo, é uma das maiores

---

[15] Em números de casos novos e casos baixados (em milhões): 2015 (27,8 e 28,6), 2016 (29,1 e 28,9), 2017 (28,8 e 30,4), 2018 (28,3 e 31,7) e 2019 (30,2 e 35,4). Destaca-se, aqui, que nos dois últimos anos o número de processos baixados foi significativamente superior ao de casos novos (CNJ, 2020:94).

litigantes. Apenas com execuções fiscais, como já se mencionou, são mais cerca de 40 milhões de processos, e os setores públicos federal, estadual e municipal sempre lideraram os levantamentos do CNJ sobre os maiores litigantes (CNJ, 2012).

Ainda que se admita que parte do custo da máquina deva, sim, recair sobre o Estado, o cenário atual revela, com tranquilidade, que uma parte considerável dos custos do conflito não é suportada pelas partes litigantes do processo judicial, mas repassada à sociedade.

A transferência de efeitos, positivos ou negativos, de determinada relação a pessoas que dela não participam é chamada, na economia, de externalidade. Trata-se, pois, de uma falha de mercado que, se não for regulada, acaba por estimular a prática do ato que gera a externalidade. No caso do Judiciário brasileiro, estimula a litigância – e ao mesmo tempo desestimula a autocomposição –, pois elevada parcela dos custos dos litígios não é arcada pelas partes, mas pelo Estado. E, ainda, como não há efetivo controle dos custos incorridos nas ações judiciais em que o Estado é parte, esse problema também se coloca nesses processos, nos quais se litiga como se os custos fossem inexistentes.

Se não custa nada – ou quase nada – resolver conflitos no Judiciário, mais casos deixarão de ser resolvidos por acordo. Basta retomar o modelo de Shavell, com os dados do exemplo 4, partir da premissa de que 80% dos custos do litígio são suportados pela sociedade e verificar:

*Exemplo 5*. O autor, que tem um ganho esperado de R$ 7.000, dele deduzirá apenas 20% dos custos do conflito (R$ 1.500 × 20%), ou seja, R$ 300, ficando com um ganho esperado de R$ 6.700. O réu, que tinha uma perda esperada de R$ 5 mil, a ela deverá acrescer apenas 20% dos custos do litígio (R$ 1.500 × 20%), ou seja, os mesmos R$ 300. Com isso, terá uma perda esperada de R$ 5.300.

Nesse caso, como $E_a$ (R$ 6.700) é maior do que a $E_r$ (R$ 5.300), não haverá acordo e as partes se submeterão ao Judiciário.

Como se verifica, se as partes não suportam os custos da solução do seu conflito e os transferem para a sociedade, questões que seriam resolvidas com a autocomposição, caso elas tivessem que suportar o ônus do seu litígio, são entregues comodamente ao Judiciário.

Porém, há mais. Ao subsidiar a solução de conflitos no Judiciário, transferindo o custo da máquina dos litigantes para a sociedade, o legislador acaba desestimulando o investimento de grandes litigantes em prevenção de conflitos.

Investir em prevenção de conflitos, sobretudo quando se está diante de agentes que lidam com uma quantidade elevada de indivíduos e estão, portanto, sujeitos ao surgimento de muitos conflitos, é custoso. Conforme se depreende da árvore de decisão da figura 1, o custo desse investimento em prevenção ($C_{Prev}$) deve se justificar, e para isso é preciso que o número de ações judiciais quando há investimento em prevenção ($A_i$) seja suficientemente menor do que o número de ações judiciais quando esse investimento não ocorre ($A$). A árvore de decisão abaixo ajuda a pensar sobre qual a decisão do agente racional nesse momento anterior ao nascimento do conflito ($T_0$).

**Figura 1**
**Decisão de investir em prevenção**

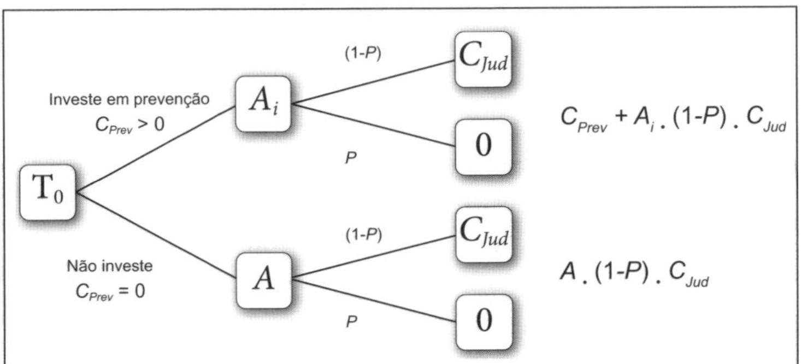


Fonte: elaborada pelo autor.

Se o agente, e.g., uma concessionária de serviço público, resolve investir em prevenção ($C_{Prev}$), incorre obrigatoriamente nesse custo, como revela a equação 10, que reflete o custo total esperado quando se investe em prevenção ($C_{TP}$):

$$C_{TP} = C_{Prev} + A_i \,.\, (1 - P) \,.\, C_{Jud} \qquad (12)$$

Ao investir em prevenção, o agente espera, com isso, reduzir o número de ações judiciais que terá em seu passivo de $A$ (número de ações judiciais sem investimento em prevenção) para $A_i$ (número de ações judiciais com investimento em prevenção), sendo que $A_i \leq A$. A redução de $A$ para $A_i$ será maior conforme a efetividade das medidas preventivas adotadas pela empresa, mas isso não basta para que o investimento, nesse modelo econômico, se justifique. Isso porque, em um sistema em que a parte arca com os custos do processo quando sucumbe, o que tem probabilidade $(1 - P)$ de acontecer, é necessário que o resultado da economia esperada com o investimento em prevenção seja maior do que o custo de prevenção, o que pode ser assim representado:

$$[A.(1 - P).C_{Jud}] - [A_i.(1 - P).C_{Jud}] > C_{Prev} \qquad (13)$$

Basta olhar a equação acima para perceber a importância dos custos judiciais, $C_{Jud}$, nessa operação. O número de casos litigados, $A_i$ ou $A$, é multiplicado pela probabilidade de perda, $(1 - P)$, e pelos custos judiciais, $C_{Jud}$. Se, contudo, os custos judiciais ($C_{Jud}$) inexistem – na hipótese de subsídio integral –, o resultado da parte esquerda da equação será sempre igual a zero e não haverá investimento, por menor que seja, que compense a prevenção do conflito pelo agente racional, levando-se, repita-se, em consideração apenas a variável dos custos do litígio, excluindo as despesas contratuais com advogados.

Se, da mesma forma, $C_{Jud}$ existem, mas são suportados em grande medida por quem não é parte do processo, dificilmente a economia resultante da diminuição do número de causas, multiplicada pela probabilidade de perda $(1 - P)$ e pelo valor de $C_{Jud}$, justificará o investimento em prevenção.

Isso significa, em mercados competitivos, que a empresa que optar pela prevenção de conflitos – abstraindo-se sempre inúmeras outras razões que justifiquem esse investimento, como a preocupação com a marca e com o relacionamento com clientes – estará adotando uma estratégia mais custosa do que sua concorrente que nada investe em prevenção e inunda o Judiciário com demandas repetitivas cujos custos judiciais são, ao final, suportados pela sociedade.

Ao externalizar grande parte dos custos do conflito para a sociedade, o atual desenho institucional da solução estatizada de conflitos no Brasil consegue, ao mesmo tempo, incentivar a litigância e desestimular o investimento em prevenção.

É importante, pois, que os custos do conflito sejam, a princípio, internalizados pelas partes da disputa, ainda que, mais adiante, a sociedade opte, de forma informada, por subsidiar o acesso em situações justificáveis e que garantam um acesso responsável ao Judiciário.

Além dos custos, como se viu no item anterior, a assimetria de informações, ou diferença do prognóstico das partes com relação ao resultado do processo judicial, também é um elemento que pode fomentar a litigância. Quanto maior a probabilidade de as partes preverem o desfecho do processo, maior a possibilidade de chegarem a uma solução autocompositiva.

Nessa linha, o Código de Processo Civil (Brasil, 2015) evoluiu nesses dois pontos. O livro III, que trata dos "processos nos Tribunais e dos meios de impugnações das decisões judiciais" principia, em suas disposições gerais, com o art. 926, o qual estabelece que "os tribunais devem uniformizar sua jurisprudência e mantê-la estável, íntegra e coerente". Esse artigo, de extrema relevância, dita o norte da atuação dos tribunais e estabelece um dever de previsibilidade e estabilidade dos entendimentos jurisprudenciais.

Passando-se de um dever geral para os mecanismos em si, a instituição do incidente de resolução de demandas repetitivas (IRDR), previsto nos arts. 976 e seguintes, possibilita que, admitido o incidente, os processos que tratem de questões idênticas fiquem suspensos até seu julgamento. Julgada a matéria, o entendimento deverá ser observado, sob pena de ser cabível reclamação contra a decisão que o contrariar. Com isso, o CPC de 2015 criou um importante mecanismo de uniformização dos entendimentos jurisprudenciais.

Além do IRDR, o CPC de 2015 prevê, em seu art. 947, a possibilidade do incidente de assunção de competência (IAC), quando "envolver relevante questão de direito, com grande repercussão social, sem repetição em múltiplos processos". Esses novos incidentes, somados à sistemática do julgamento de recursos repetitivos do Superior Tribunal de Justiça, ao regime de repercussão geral dos recursos extraordinários e aos enunciados de entendimentos sumulados, buscam reduzir a incerteza jurídica, diminuindo, assim, as chances de as partes divergirem em grande escala com relação a $P$, senão em todos os casos, o que é impossível, ao menos em questões de grande relevância já destacadas por um incidente ou em questões recorrentes.

Mecanismos de uniformização da jurisprudência tendem a reduzir a diferença entre $P_a$ e $P_r$, tornando os julgamentos mais previsíveis. Há, contudo, incertezas que não decorrem da dúvida com relação à interpretação que será dada à lei, mas emergem do desconhecimento dos fatos e, nesse ponto, mecanismos como a audiência de mediação prevista no art. 334 do Código de Processo Civil podem, se bem utilizados, ajudar a esclarecer questões fáticas que podem contribuir para a autocomposição em um ambiente coberto pela confidencialidade.

## Solução estatal subsidiada e desenvolvimento dos métodos alternativos

No modelo atual, no que diz respeito aos custos, o Estado brasileiro subsidia a solução de disputas mantendo, a um gasto relevante, uma estrutura que parece não conseguir dar conta da quantidade colossal de conflitos que lhe são submetidos. A assunção de parte dos custos da solução dos litígios pelo Estado poderá, sempre, ser uma opção política e que deve, como qualquer outra, ser adotada de forma consciente e refletida. O que se pretende aqui é apenas entender como essa transferência de custos impacta o comportamento das partes litigantes, sem questionar sua conveniência e importância.

Imagine-se que, surgida uma disputa, as partes tivessem à sua disposição ao menos quatro métodos de solução de conflitos que Goldberg et al. (2014:4-5) denominaram primários: (1) negociar a solução a um custo $C_{Neg}$; (2) levar o conflito à mediação extrajudicial, o que implicaria custos $C_{Med}$; (3) submeter a questão à arbitragem, por um custo $C_{Arb}$; ou (4) judicializar, a um custo $C_{Jud}$.

Cada um desses métodos de solução de conflitos apresenta vantagens e desvantagens inerentes à sua forma de atuação. As partes podem manter a prerrogativa de estabelecerem, elas próprias, a solução da controvérsia ou, então, podem optar por entregar essa decisão para terceiros, neutros, que podem ter ou não poderes decisórios sobre o mérito da disputa. Finalmente, esse terceiro pode ser escolhido pelas partes, num procedimento privado, ou pertencer ao sistema estatal de solução de conflitos, no caso do juiz togado.

As diferenças entre os métodos são inúmeras e cada um pode se revelar mais adequado para a solução do caso concreto, mas essa análise poderia ser objeto de um estudo próprio e extrapola os limites deste texto. Aqui, o foco é apenas relacionado aos custos do litígio. Assim, abstraindo as demais vantagens e diferenças entre os métodos de solução de conflitos, o agente racional tomaria sua decisão considerando os custos de cada um deles e avaliaria $C_{Neg}$, $C_{Med}$, $C_{Arb}$ e $C_{Jud}$.

Na negociação, na mediação extrajudicial e na arbitragem, esses custos são sempre suportados pelas partes litigantes. São, portanto, totalmente internalizados. O processo judicial brasileiro, como se viu, é em grande parte subsidiado pelo Estado e, nesse caso, os custos acabam não sendo suportados, no todo ou em parte, pelos litigantes, de modo que, bem vistas as coisas, a escolha do agente, hoje, deve considerar suportar: 100% $C_{Neg}$, 100% $C_{Med}$, 100% $C_{Arb}$ ou 13% $C_{Jud}$.

Vista a questão dessa forma, a criação de incentivos econômicos para a utilização de métodos de solução de conflitos que não sejam subsidiados apresenta-se como uma medida interessante. Assim, compreende-se a solução da lei de custos judiciais alemã[16] de autorizar os estados a reduzirem taxas para ajuizamento de ação caso as partes tenham antes tentado mediar ou aplicar outro método alternativo de solução de litígios.

Os custos, $C_{Jud}$, têm relevância na decisão das partes, mas, uma vez que são transferidos em grande proporção à sociedade, elas acabam suportando apenas uma porção pequena dessas despesas, quando suportam. Dessa forma, se não há custos para os litigantes, como ocorre com as questões resolvidas em primeiro grau nos juizados especiais, a tendência é de que as partes continuem optando em entregar seus conflitos ao Judiciário, no lugar de tentarem resolver por si próprias ou com o uso de métodos alternativos.

Não basta o CPC de 2015 dizer que advogados, juízes e integrantes do Ministério Público devem estimular o uso dos

---

[16] Gerichtskostengesetz (GKG), seção 9, § 69b.

métodos alternativos e, paralelamente, os incentivos econômicos jogarem novamente as partes para a solução estatal. Os métodos não se desenvolverão satisfatoriamente enquanto os incentivos econômicos apontarem justamente na direção oposta. É preciso, além de normas programáticas, que os incentivos econômicos estejam alinhados com o objetivo perseguido pelo legislador.

O modelo atual, ao permitir a externalização dos custos do litígio, incentiva o ajuizamento de ações, aumentando o desperdício de recursos. Gera, numa ótica *ex ante* do litígio, incentivos ruins para o comportamento futuro das partes, que ajuizarão mais ações, investirão menos em prevenção, utilizarão menos os métodos alternativos de soluções de conflitos e produzirão, assim, mais desperdício, reduzindo o valor da riqueza no mundo (Farnsworth, 2007:11).

Tudo o que se disse até aqui foi, como prometido, em caráter introdutório. Em outro estudo recente, escrito em coautoria com Heitor Sica, fizemos uma comparação detalhada do tratamento dos custos do processo judicial brasileiro com a arbitragem e concluímos que, para as partes com uma boa probabilidade de êxito, a arbitragem apresenta-se como um método de solução de conflitos menos custoso. Isso porque, em síntese, no processo judicial, (1) há a previsão da condenação do vencido em honorários de sucumbência, devidos ao advogado do vencedor e, ainda, (2) os honorários contratuais gastos pela parte vencedora com seu próprio advogado não serão ressarcidos pela parte vencida (Sica e Pimentel, 2020).

A conclusão contraintuitiva é interessante, pois, dependendo da forma com que são regulados os custos do conflito, um método de solução de conflitos que tem seus custos integralmente suportados pelas partes, como a arbitragem, acaba sendo, para a parte que tem chances maiores de êxito, menos oneroso do que o processo judicial. O vencedor do processo judicial não recupera os honorários contratuais gastos com seu advogado, o que faz com que esse custo, no processo judicial, seja irrecuperável. Além disso, a previsão do pagamento de honorários sucumbenciais a um terceiro (advogado da parte vencedora), aumenta de forma significativa o custo esperado da parte vencida sem elevar, do outro lado, o ganho esperado da vencedora. Veja, apenas para exemplificar, um gráfico que resume a pesquisa feita comparando os custos de algumas das principais instituições de arbitragem nacionais e dos Tribunais do Rio de Janeiro, São Paulo, Minas Gerais e Rio Grande do Sul.

**Figura 2**
**Custos do processo judicial e arbitral.**
**Disputa de R$ 2 milhões**

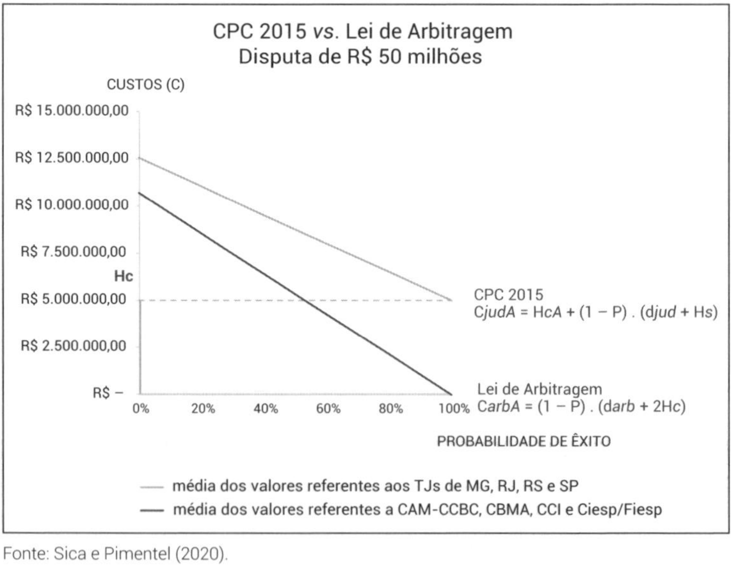


Fonte: Sica e Pimentel (2020).

O estudo também revela que a fama de que a arbitragem é mais indicada para grandes conflitos por ser um método caro de solução de disputas deve ser revisitada. Para os grandes conflitos, a arbitragem acaba sendo um método de solução mais barato do que o processo judicial, e isso poderia justificar sua adoção em demandas de maior valor econômico. Veja-se, por exemplo, a comparação feita no artigo publicado com Sica em causas de R$ 100 milhões.

**Figura 3**
**Custos do processo judicial e arbitral.**
**Disputa de R$ 100 milhões**

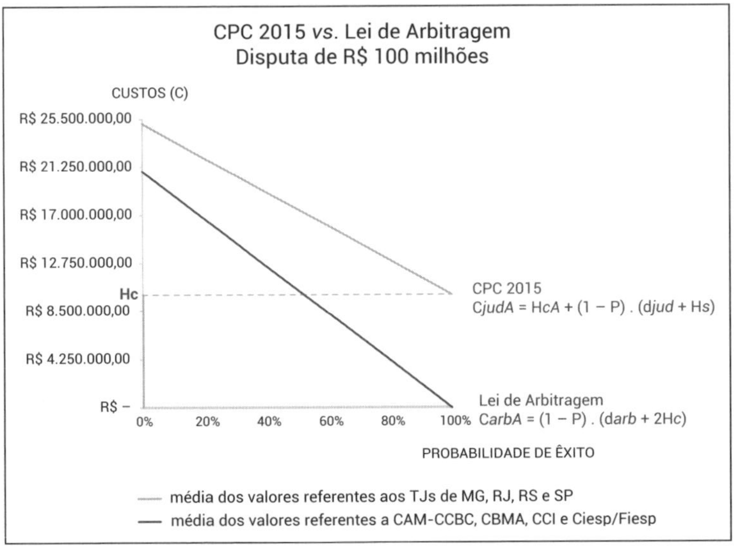


Fonte: Sica e Pimentel (2020).

Como se vê, o estudo da solução de disputas e o desenvolvimento do uso dos métodos alternativos de solução de controvérsias tem muito a ganhar com o estudo da análise econômica do conflito.

## Conclusão

O que se pretendeu, neste capítulo, foi apresentar, de forma introdutória, como a análise econômica do direito pode contribuir para o desenvolvimento do estudo da solução de disputas. A utilização de métodos alternativos e o acesso responsável à Justiça dependem da criação de incentivos corretos para as partes do conflito.

A análise econômica do conflito disseca o fenômeno pela ótica econômica e destaca a relevância de alguns elementos, como o impacto dos custos e a assimetria informacional na decisão das partes de transigir ou litigar.

Este capítulo teve a intenção de apenas introduzir o tema, apresentando seu histórico, principais autores e conceitos básicos. A simples apresentação dessas notas introdutórias já revela o quanto nosso sistema possui regras que geram incentivos perversos e como a análise econômica do direito pode ajudar a ajustá-los.

## Referências

ARAKE, Henrique; GICO JR., Ivo Teixeira. Quando mais é menos: o recurso adesivo como um desincentivo a recorrer. *Economic Analysis of Law Review*, n. 6, p. 115-127, 2015.

BAR-GILL, Oren. The evolution and persistence of optimism in litigation. *Journal of Law, Economics, and Organization*, v. 22, n. 2, p. 490-507, 2006.

______; FERSHTMAN, Chaim. Law and preferences. *Journal of Law, Economics and Organization*, v. 20, n. 2, p. 331-352, 2004.

BEBCHUK, Lucian Arye. Litigation and settlement under imperfect information. *RAND Journal of Economics*, v. 15, n. 3, p. 404-415, 1984.

______. The *effect of fee-shifting rules on settlement terms.* [S.l.: s.n.], 1996.

BENEDUZI, Renato. Teoria geral do litígio. In: MENDES, Aluisio Gonçalves de Castro et al. (Coord.). *O novo processo civil brasileiro*: temas relevantes. Estudos em homenagem ao professor, jurista e ministro Luiz Fux. Rio de Janeiro: GZ Ed., 2018. v. 2.

BRASIL. Lei nº 13.105, de 16 de março de 2015. Código de Processo Civil. *Diário Oficial [da] República Federativa do Brasil*, Secretaria-Geral, Brasília, DF, 17 mar. 2015.

CALABRESI, Guido. Some thoughts on risk distribution and the law of torts. *The Yale Law Journal*, v. 70, n. 4. p. 499-553, 1961.

______; MELAMED, A. Douglas. Property rules, liability rules, and inalienability: one view of the cathedral. *Harvard Law Review*, p. 1089-1128, 1972.

CNJ (Conselho Nacional de Justiça). *100 maiores litigantes.* Brasília: CNJ, 2012. Disponível em: <www.cnj.jus.br/wp-content/uploads/2011/02/100_maiores_litigantes.pdf>. Acesso em: 19 abr. 2021.

______. *Diagnóstico da atuação dos conselhos profissionais na cobrança de dívida ativa.* Brasília: CNJ, 2019. Disponível em: <www.cnj.jus.br/wp-content/uploads/2019/10/Diagnostico-da-atuacao-dos-conselhos-profissionais_v25_10_2019>. Acesso em: out. 2021.

______. *Relatório Justiça em Números do ano de 2020.* Brasília: CNJ, 2020. Disponível em: <www.cnj.jus.br/wp-content/uploads/2020/08/WEB-V3-Justi%C3%A7a-em-N%C3%BAmeros-2020-atualizado-em-25-08-2020.pdf>. Acesso em: 31 jan. 2021.

COASE, Ronald H. *The problem of social cost*: classic papers in natural resource economics. Londres: Palgrave Macmillan, 1960. p. 87-137.

COOTER, Robert; MARKS, Stephen; MNOOKIN, Robert. Bargaining in the shadow of the law: a testable model of strategic behavior. *Journal of Legal Studies*, v. 11, p. 225-251, 1982.

______; RUBINFELD, Daniel L. Economic analysis of legal disputes and their resolution. *Journal of Economic Literature*, v. 27, n. 3, p. 1067-1097, 1989.

______; ULEN, Thomas. *Law and economics*. 6. ed. Boston: Pearson, 2011.

CUNHA, Alexandre dos Santos; KLIN, Isabela do Valle; PESSOA, Olívia Alves Gomes. *Custo unitário do processo de execução fiscal na Justiça Federal*. Brasília: Ipea, 2011. Disponível em: <www.ipea.gov.br/portal/images/stories/PDFs/livros/livros/livro_custounitario.pdf>. Acesso em: out. 2021.

DAUGHETY, Andrew; REINGANUM, Jennifer F. Endogenous sequencing in models of settlement and litigation. *JL Econ. & Org*, n. 9, p. 314, 1993.

FALCÃO, Joaquim. O futuro é plural: administração de justiça no Brasil. *Revista USP*, n. 74, p. 22-35, 2007.

FARNSWORTH, Ward. *The legal analyst*: a toolkit for thinking about the law. Chicago: The University of Chicago Press, 2007.

GARTH, Bryant; CAPPELLETTI, Mauro. *Acesso à Justiça*. Trad. Ellen Gracie Northfleet. Porto Alegre: Fabris, 1988.

GICO JR., Ivo Teixeira. *Análise econômica do processo civil*. Indaiatuba: Foco, 2020.

GOLDBERG, Stephen B. et al. *Dispute resolution*: negotiation, mediation and other processes. Nova York: Wolters Kluwer Law & Business, 2007.

GOULD, John P. The economics of legal conflicts. *The Journal of Legal Studies*, v. 2, n. 2, p. 279-300, 1973.

LANDES, William M. An analysis of the courts. *The Journal of Law and Economics*, v. 14, n. 1, p. 61-107, 1971.

MOFFITT, Michael L.; BORDONE, Robert C. *The handbook of dispute resolution*. São Francisco: John Wiley & Sons, 2005.

NALEBUFF, B. Credible pretrial negotiations. *RAND Journal of Economics*, v. 18, n. 2, p. 198-210, 1987.

PIMENTEL, Wilson. *Acesso responsável à justiça*: o impacto dos custos na decisão de litigar. Rio de Janeiro: Lumen Juris, 2019.

PORTO, Antônio Maristrello; GAROUPA, Nuno. *Curso de análise econômica do direito*. Rio de Janeiro: Atlas, 2020.

POSNER, Richard A. An economic approach to legal procedure and judicial administration. *The Journal of Legal Studies*, v. 2, n. 2, 2011.

SHAVELL, Steven. Suit, settlement, and trial: a theoretical analysis under alternative methods for the allocation of legal costs. *Journal of Legal Studies*, v. 11, p. 55-81, 1982.

SICA, Heitor Vitor Mendonça; PIMENTEL, Wilson. Custo do processo arbitral *versus* custo do processo judicial: uma análise econômica da realidade brasileira. *Revista Brasileira de Arbitragem*, v. 68, n. 17, 2020.

WOLKART, Erik Navarro. *Análise econômica do processo civil*. São Paulo: Revista dos Tribunais, 2019.

YEUNG, Luciana Luk-Tai; AZEVEDO, Paulo Furquim de. Além dos "achismos" e das evidências anedóticas: medindo a eficiência dos tribunais brasileiros. *Economia Aplicada*, v. 16, n. 4, p. 643-663, dez. 2012.

# Coordenadores

**Armando Castelar Pinheiro**
Professor da pós-graduação *stricto sensu* em direito da regulação da FGV Direito Rio e do Instituto de Economia da Universidade Federal do Rio de Janeiro (UFRJ) e pesquisador associado do Instituto Brasileiro de Economia da Fundação Getulio Vargas (FGV Ibre). Trabalhou como analista da Gávea Investimento, como pesquisador do Instituto de Pesquisa Econômica Aplicada (Ipea) e como chefe do Departamento Econômico do BNDES. É Ph.D. em economia pela Universidade da Califórnia (Berkeley), mestre em administração pela Coppead/UFRJ e em estatística pelo Instituto de Matemática Pura e Aplicada (Impa), além de engenheiro eletrônico pelo Instituto Tecnológico de Aeronáutica (ITA). É membro do Conselho Técnico da Confederação Nacional do Comércio de Bens, Serviços e Turismo (CNC) e articulista dos jornais *Valor Econômico* e *Correio Braziliense*.

**Antônio José Maristrello Porto**
Doutor (*Doctor of the Science of Law* – J.S.D.) e mestre em direito (*Master of Laws* – LL.M.) pela Universidade de Illinois. Professor da graduação e da pós-graduação *stricto sensu* em direito da regulação da FGV Direito Rio. Vice-diretor e coordenador do Centro de Pesquisa em Direito e Economia (CPDE) da FGV

Direito Rio. Foi presidente da Associação Brasileira de Direito e Economia (ABDE).

**Patrícia Regina Pinheiro Sampaio**
Professora da graduação e da pós-graduação *stricto sensu* em direito da regulação da FGV Direito Rio. Pesquisadora do Centro de Pesquisa em Direito e Economia (CPDE). Doutora e mestre pela Faculdade de Direito da Universidade de São Paulo (USP).

# Autores

**Daniel Dias**
Doutor em direito civil, na modalidade de doutorado-sanduíche, pela Universidade de São Paulo (USP), com período de pesquisa na Ludwig-Maximilians-Universität München, com bolsa concedida pelo Deutscher Akademischer Austauschdienst (DAAD). Mestre em direito civil pela Pontifícia Universidade Católica de São Paulo (PUC-SP). Bacharel em direito pela Universidade Federal da Bahia (UFBA). Foi pesquisador visitante na Harvard Law School e no Instituto Max-Planck de direito comparado e internacional privado em Hamburgo, na Alemanha. Professor pesquisador do Centro de Pesquisa em Direito e Economia (CPDE).

**Sérgio Branco**
Doutor e mestre em direito civil pela Universidade do Estado do Rio de Janeiro (Uerj). Cofundador e diretor do Instituto de Tecnologia e Sociedade do Rio de Janeiro (ITS Rio). Sócio da Rennó Penteado Sampaio Advogados.

**Thiago Bottino**

Bacharel em direito pela Universidade Federal do Estado do Rio de Janeiro (Unirio), mestre e doutor em direito pela Pontifícia Universidade Católica do Rio de Janeiro (PUC-Rio). Pós-doutor e professor visitante na Columbia Law School. Professor nos cursos de graduação, mestrado e doutorado em direito da FGV Direito Rio. Professor no curso de graduação em direito da Unirio. Membro efetivo do Instituto dos Advogados Brasileiros (IAB) e conselheiro do Instituto Brasileiro de Ciências Criminais (IBCCRIM).

**Wilson Pimentel**

Professor da FGV Direito Rio. Mestre pela FGV e portador do *diplôme supérieur* de L'Université en Droit Civil pela Université de Droit d'Economie et des Sciences-Sociales de Paris II – Panthéon-Assas. Especialista em *law & economics* pela Yale University e pela Paris II – Panthéon-Assas e em negociação e mediação pela Harvard Law School.

Este livro foi impresso nas oficinas gráficas da Editora Vozes Ltda.,
Rua Frei Luís, 100 – Petrópolis, RJ.